俞敏洪内部讲话

关键时，俞敏洪说了什么

贾丹丹 ◎ 著

新世界出版社
NEW WORLD PRESS

图书在版编目（CIP）数据

俞敏洪内部讲话：关键时，俞敏洪说了什么 / 贾丹丹著.
——北京：新世界出版社，2013.10（2016.8 重印）
ISBN 978-7-5104-4638-2

Ⅰ．①俞… Ⅱ．①贾… Ⅲ．①民办学校－企业管理－经验－中国 Ⅳ．①G522.74

中国版本图书馆CIP数据核字（2013）第247525号

俞敏洪内部讲话：关键时，俞敏洪说了什么

作　　者：贾丹丹
责任编辑：周　珊　张保文
责任校对：宣　慧
责任印制：李一鸣　黄厚清
出版发行：新世界出版社
社　　址：北京西城区百万庄大街24号（100037）
发行部：(010) 6899 5968　　(010) 6899 8705（传真）
总编室：(010) 6899 5424　　(010) 6832 6679（传真）
http://www.nwp.cn
http://www.nwp.com.cn
版权部：+86 10 6899 6306
版权部电子信箱：nwpcd@sina.com
印　　刷：北京天宇万达印刷有限公司
经　　销：新华书店
开　　本：710mm*1000mm　1/16
字　　数：210千字　　　印张：14
版　　次：2013年11月第1版　2016年8月第3次印刷
书　　号：ISBN 978-7-5104-4638-2
定　　价：39.80元

版权所有，侵权必究
凡购本社图书，如有缺页、倒页、脱页等印装错误，可随时退换。
客服电话：(010) 6899 8638

序 言
PREFACE

2013年5月,随着以新东方创业故事为蓝本的电影《中国合伙人》上映,关于新东方的"一个土鳖,一个知识分子,还有一个浪漫骑士的中国式成功"的创业故事,被人们津津乐道。电影中3位主人公成东青、孟晓骏、王阳的人物原型,分别是新东方早期合伙人俞敏洪、徐小平、王强。"电影的情节很精彩,但现实中的故事更加精彩,朋友之间的纷争更加残酷,友情也更加浓厚。"看过电影的首映之后,俞敏洪这样说。

其实,新东方早已是人们耳熟能详的教育培训机构。据说,在美国、英国的多所著名高校里,来自中国的留学生有70%是从这里走出去的。20年来,数以万计的年轻人在新东方的帮助下实现了出国梦,从而改变了自己的命运。作为新东方的灵魂人物,一个知识分子型的企业家,俞敏洪凭借永不言败的精神力量,谱写了新东方"知识王国"的神话。

2006年9月7日,新东方教育科技集团在纽交所敲响了股市钟。一路高唱着"从绝望中寻找希望,人生终将辉煌"的俞敏洪,带领新东方成功上市。当天,新东方股票报收20.88美元,与其15美元的发行价相比,收盘价上涨5.88美元,涨幅39.2%。

据当时估算,新东方上市后,44岁的俞敏洪至少拥有高达1.21亿美元的资产。20年前为了赚取出国学费而创办新东方的俞敏洪,由此成为"中国最富有的老师"。人们这样形容他:"在中国的富翁里,他是第一个教书匠;在中国的教书匠里,他是第一位富翁。"

2013年11月16日,是新东方成立20周年的日子。对于新东方的未来,俞敏洪冷静地说:"财富已经不是今天新东方人的第一追求,对于企业来说,如果以赚钱为终极目标,肯定做不长,钱只是过程和手段,为了目的服务。新东方现在的最高目标就是教育和教育产品的开发,新教育模式的探

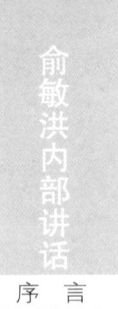

序言
PREFACE

索,为中国未来的教育打开道路。"这才是俞敏洪真正想要的。

所以,俞敏洪给自己以后的人生规划了3条路:第一条是一直留在新东方,打死也不走,一直干到80岁;第二条路是慢慢从目前这个位子上退下来,过轻松逍遥的日子,到世界各地旅游,写写读书笔记或者旅游笔记,像徐霞客那样度过后半生;第三条路是为穷苦孩子办一所真正的私立大学。

从一个农村青年到北大学生、北大英语教师,再到新东方教育科技集团董事长,最后到一位有理想的教育者,这就是俞敏洪的成长路径和人生追求。能够从一位普通教师转变为中国最成功的企业家之一,带领新东方帮助无数青年学子实现留学梦想,为中国培养出众多的国际化人才,并不断探索着更好的教育方式,可以说,俞敏洪的人生道路荆棘丛生,却又富有传奇色彩。

本书根据俞敏洪在各种场合的讲话摘录,着重阐述了俞敏洪的人生经历、艰苦创业、经营理念、管理智慧,以及他的教育梦想和企业家修为,力求向读者展示:俞敏洪如何独辟蹊径,带领新东方在险恶的竞争环境中求得生存;新东方作为后起之秀如何在诡谲的商场中一步步发展壮大,走向欣欣向荣的繁荣之境;作为企业管理者,俞敏洪又是如何在企业成长的关键时刻不断笼络人心、改进管理、提升品牌⋯⋯

另外,本书也重点讲述了俞敏洪如何发挥自己的性格优势,在一文不名时敢于拼搏、在艰难困苦中勇于坚持、在管理危机中保持冷静、在功成名就时坚守本色⋯⋯希望读者在通过本书汲取管理经验和商业智慧的同时,也能感受到一种积极向上的人生精神。

历经20年的风雨磨砺,新东方已经成为中国民办教育中最响亮的品牌。随着新的教育梦想的酿造,以及一所不同于目前中国所有大学的私立大学、精英大学的筹备,俞敏洪继续谱写着新东方的未来,创造着新东方的新事业、新神话!

第一篇

关键时刻之绝望与希望的较量
挺立在孤独、失败与屈辱的废墟上

第一章　在绝望中寻找希望 /2

第一节　绝望是大山，希望是石头 …………………………… 2
第二节　只要你想做事，逆境就是常态 ………………………… 7
第三节　成功必须练就三种忍受能力 …………………………… 10

第二章　坚守是源自内心的一种动力 /16

第一节　我一直认为我是一只蜗牛 ……………………………… 16
第二节　坚持不是因为坚强，而是别无选择 …………………… 21
第三节　不要失去追求和跳跃之心 ……………………………… 25

第二篇

关键时刻之丛林生存的商业哲学
东方的精神，西方的规矩

第三章　创业没有一成不变的规则 /32

第一节　新东方靠"一把刷子"起家 …………………………… 32

第二节　免费也是一种重要的"武器" ……………………… 35
第三节　让利，是我制胜的法宝 …………………………… 39

第四章　瞄准市场：价值在先，财富在后 / 44

第一节　要有非常敏锐的市场意识 ………………………… 44
第二节　红海也能变成独特的蓝海 ………………………… 49
第三节　通过"四品"塑造企业品牌 ……………………… 54

第五章　资本博弈的喜悦与哀愁 / 59

第一节　新东方是被推着上市的 …………………………… 59
第二节　我还能左右新东方的理想吗 ……………………… 63
第三节　我没有被资本掌握命运 …………………………… 67
第四节　尽量用资本市场的钱来做事情 …………………… 71

第六章　要不断变革自己，更新自己 / 77

第一节　企业的成长就像一个人的成长 …………………… 77
第二节　危机危机，有危险亦有机会 ……………………… 82
第三节　新东方如何应对互联网教育 ……………………… 85

目 录
CONTENTS

第三篇

关键时刻之管理，戴着脚镣跳舞
管理是一种程序，领导是一门艺术

第七章　管理就是心平气和地做事情 / 92

　　第一节　从"家族企业"到"现代公司" …………………… 92
　　第二节　管理需要以他人为中心的宽容 …………………… 96
　　第三节　在利益和人情之间寻找平衡 …………………… 100

第八章　要有体系和制度，按规矩办事 / 105

　　第一节　吵到不可开交，然后产生规矩 …………………… 105
　　第二节　优秀的管理者应该像优秀的政治家 …………………… 110
　　第三节　新东方的管理必须走向职业化 …………………… 115

第九章　新东方的成功是用人的成功 / 119

　　第一节　新东方的事业是人的事业 …………………… 119
　　第二节　用对一个人，撑起一片天 …………………… 123
　　第三节　新东方笼络人心的激励机制 …………………… 127

第四篇

关键时刻之好团队成就大事业
新东方是一个充满团队精神的地方

第十章　凭我自己，新东方没有今天 / 134

　　第一节　一只土鳖带领一群海龟奋斗 …………… 134
　　第二节　我愿意做串起珍珠的那条线 …………… 140
　　第三节　我像刘备，用眼泪赚取同情 …………… 144

第十一章　成功来自团队而非个人 / 149

　　第一节　培养出一批像我一样的老师 …………… 149
　　第二节　核心的技术团队要"锁住" …………… 153
　　第三节　必须告别"个人英雄主义"时代 …………… 157

第十二章　企业欢迎有智慧、有能力的人 / 162

　　第一节　创业团队需要"孙悟空"式的员工 …………… 162
　　第二节　只要是人才，新东方都欢迎 …………… 166
　　第三节　陈向东推下去的能力比我强 …………… 171

第五篇

关键时刻之文化引导战略
我们要呼唤新东方价值体系的回归

第十三章　新东方到底应该坚持什么 / 176

　　第一节　始终把学生的需求放在第一位 …………… 176
　　第二节　新东方永远不做教育之外的事 …………… 179
　　第三节　一切为学生服务，一切为员工着想 …………… 183

第十四章　传播新东方精神和思想 / 188

　　第一节　把"关爱文化"作为新东方的核心 …………… 188
　　第二节　新东方的课堂必须有效、快乐、励志 …………… 192
　　第三节　不符合新东方精神的人要排除出去 …………… 197

第十五章　立足于价值与责任的守望 / 202

　　第一节　新东方是一项创意产业 …………… 202
　　第二节　我们要完成两个社会责任 …………… 206
　　第三节　新东方要引领中国教育走向优秀 …………… 211

Article 01

第一篇

关键时刻之绝望与希望的较量
挺立在孤独、失败与屈辱的废墟上

第一章　在绝望中寻找希望

第二章　坚守是源自内心的一种动力

第一章
在绝望中寻找希望

第一节 绝望是大山，希望是石头

哪怕是没有任何希望的事情，只要有一个勇敢者坚持去做，到最后就会成为希望。

我最喜欢的是读书和教书，但是假如我只是会读书、教书，别的事情都不去做，新东方也就不会有今天的发展。所以任何事情的成功，都是你不断努力的结果。当你碰到困难的时候，不要把它想象成不可克服的困难。在这个世界上没有什么困难是不可克服的，只要你勇于面对困难，想象着战胜困难后的喜悦，你就会充满信心和力量。

新东方的"在绝望中寻找希望"这句话，跟美国著名的黑人领袖马丁·路德·金所说的话是一样的。他在著名的演讲 I Have a Dream 中说了一句话："With this faith we will be able to hew out of the mountain of despair a stone of hope（怀着这个信念，我们要从绝望的大山中，砍出一块希望的石头）。"

请记住了，绝望是大山，希望是石头，但是只要你能砍出一块希望的石头，你就有了希望。在马丁·路德·金的时代，直到他被暗杀为止，黑人在美国是没有任何社会地位可言的，所谓的"黑人解放"只是句口号而已。黑人坐车不让坐，去饭店吃饭不让吃，电影院不让进，到处都是让黑人绝望的景象。正是像马丁·路德·金这样的人，用鲜血和生命换来了美国黑人今天

第一篇　关键时刻之绝望与希望的较量
挺立在孤独、失败与屈辱的废墟上

在美国社会中的平等地位。

哪怕是没有任何希望的事情，只要有一个勇敢者坚持去做，到最后就会成为希望。凡是我身边想要出国的人，只要坚持往下走，我发现最后没有走不了的。真正走不了的人是联系了一年或者两年就放弃了的。两年在你的生命长河中算什么？为了一个伟大的目标，我们努力个三年五年并不算长。

——摘自《挺立在孤独、失败与屈辱的废墟上》

背景分析

"绝望"与"希望"是俞敏洪在演讲中经常提到的两个词语。在他看来，不管是自己在年少时代的坎坷经历，还是创办新东方的艰难历程，都可以用"在绝望中寻找希望"来形容。

1962年10月15日，俞敏洪出生于江苏江阴一个农民家庭。他在中关村新东方大厦的办公室里还挂着当年农村老家那间破旧故居的照片。在一片长着荒草的土地上，立着两间摇摇欲坠的破瓦房，那就是俞敏洪在江苏省江阴农村的老家。俞敏洪挂出这张照片，为的是永远记住那段艰苦的岁月。

1978年至1980年，俞敏洪经历3次高考，他用坚持和毅力，冲破两次失败的阻拦，最后考上了北京大学西语系。但是进入北大，也是俞敏洪痛苦的开始。在班上，俞敏洪是唯一从农村来的孩子，他不会说普通话，班会上自我介绍时被同学嘲笑是在说鸟语；分班时，从A班被调到最差的C班；大三时患上肺结核休学一年，人变得更加瘦削；大学读了5年，拼命努力，却一直是班上拖后腿的差生……

1985年大学毕业后，俞敏洪留校成了北大的一名教师，接下来便是平淡的教书生活。期间，周围的朋友们陆续出国，俞敏洪也开始为自己的出国梦努力。在1988年，俞敏洪开始刻苦攻读托福和GRE，最终以高分通过了考试。

但就在俞敏洪全力以赴为出国做准备时，出现了一件让他始料未及的事：1989年，美国方面一改前几年的做法，开始对中国采取紧缩留学政策。此后的两年里，中国赴美留学人数大减，再加上俞敏洪在北大学习成绩并不算优秀，赴美留学的梦想实现的可能性很小。

对于此事，俞敏洪回忆说："1988年开始联系，遇上了1989年。1989年以后，1990、1991年刚好是美国录取中国学生人数急剧下降的两年，所以我拿到了美国一些大学的录取通知单，但是没有奖学金。当时我一穷二白，美国最低学费也得2万美元，当时相当于人民币12万元，而我当时在北大的工资是100多块钱，怎么可能呢？"算下来，在美国读书所需的学费，是俞敏洪222年的工资。因此，从1988年到1991年，俞敏洪的出国梦在拼命努力了3年多之后，还是没能实现。

后来俞敏洪在校外开设培训班，受到北大的处分，因这一沉重的打击而倍感郁闷和屈辱的俞敏洪决定离开北大。在他离开的第二天，北大就立即收回了分给他的宿舍。转眼间，工作没有了，住房没有了，没有容身之所的俞敏洪和妻子只能四处寻找房子。最后，为了节省支出，俞敏洪租住在北京市郊六郎庄农民的平房里，靠给房东的孩子辅导功课来抵消房租。那时的条件很艰苦，但对于俞敏洪而言，总算有了一个落脚之地，他万分感激。

正所谓"置之死地而后生"，这种近乎让人绝望的境地反而激发出俞敏洪寻找希望的巨大力量。由于已经在教学中积累了丰富的经验，俞敏洪决定投身英语培训行业，放手一搏，在绝望的大山中砍出希望的石头——创办自己的英语培训班。只是连他自己都没想到，这一块希望的石头，后来竟然如此熠熠生辉。

正如俞敏洪所说，新东方是自己出国梦想的"废墟"上长出的一棵新苗，一次次绝望境遇的突围，让它茁壮成长，并成为一棵枝繁叶茂的希望之树。事实上，新东方的整个创办过程就是从一点点的希望做起，最后不断扩大希望的过程。像俞敏洪所坚持的一样，哪怕是最没有希望的事情，只要有一个勇敢者坚持去做，到最后就会成为希望。

第一篇　关键时刻之绝望与希望的较量
挺立在孤独、失败与屈辱的废墟上

后来，俞敏洪将"从绝望中寻找希望，人生终将辉煌"定为新东方学校的校训。新东方上市之后，有人认为这一校训已经不适用了，建议俞敏洪修改校训，但俞敏洪坚持不改，并且后来还将新东方校训进行了扩展：追求卓越，挑战极限，从绝望中寻找希望，人生终将辉煌！

经过在绝望与希望中无数次的挣扎，俞敏洪得出这样的结论：在我们的日常生活中，除非你不去想"希望"和"绝望"这两个词，一旦你想到"希望"和"绝望"这两个词，你想得更多的是你生活中绝望的一面，可以说我们生活的80%～90%是由绝望组成的，而你保持精神不垮就是要从这种绝望中找到一线希望。

拓展透析

人生之中，困难与挫折在所难免，很多时候甚至让人感觉到绝望。但阻碍我们的往往不是困难本身，而是我们自己的想法。遇到困难便退缩不前，手足无措，这样的人永远不会触摸到希望的阳光，而在困难面前敢于突破、不断寻找希望的人，才能领略到柳暗花明处的风景。

很多时候，绝望中的希望就如同阳光藏在乌云背后一样，那些被乌云遮住双眼的人，如果能够拨开眼前的重重迷雾，跳过内心自我设置的樊篱，便能够找到解决问题的方法，在绝望的黑暗之中看到希望的光芒。

日本商界有位著名的企业家坪内寿夫，他是一个不会被困难吓倒，很善于在"绝处"找寻新希望、新出路的人。在坪内寿夫手里，许多濒临倒闭的企业被重新发掘出存活和发展的价值，最终起死回生。

来岛造船公司曾经有过3年的停产，3年后已是负债累累，这期间也有人想挽救来岛造船公司，可是均无果而终。后来，在住友财团的请求下，坪内寿夫买下了来岛公司，并开始在来岛公司看似绝望的未来中寻找让其复活的新希望。

坪内寿夫最先做的工作是进行深入细致的市场调查。他发现来岛不能与三菱、石川岛等大企业相比，于是就考虑专门做小渔民的生意。这样，来岛在业务上就避免了与大企业的冲突，同时也可以拓展自己的领域。然后，坪内寿夫采取了3个措施：

第一，当时日本盛行夫妻二人驾一艘机帆船出海捕鱼的作业方式，政府又规定500吨以上的船必须聘请考试合格的船员、船长。小渔民肯定聘不起，也不愿意聘。坪内就把来岛生产的新渔船定为499吨，这就使购船的渔民省去了许多审批手续，买的人也就大大增多了。

第二，坪内寿夫考虑到许多渔民经济比较拮据，无法一次性买下一艘渔船。坪内寺夫就推出分期付款的方法，使多数渔民都有能力购置新船。

第三，考虑到渔民平日都在船上，四处漂泊，只有节日才在家里休息，坪内寺夫就发动全体员工在节日期间分头深入各个渔村，挨家挨户地推销。

通过这些措施，来岛公司生产的新渔船销售得很快。这样，不仅有力地促进了爱媛县的渔业生产，使之很快成为日本第二大捕鱼县，而且来岛也起死回生，迅速发展壮大。短短8年，来岛造船量跃居日本造船业的第五位，世界船业的第二十二位。

停产3年、负债累累的来岛造船公司，是一座绝望的大山，想要挽救它，必须不畏困难，努力寻找解决问题的方法，从绝望的大山上勇敢地砍下希望的石头。尽管当时的来岛公司前途未卜，大家都只看见一片黑暗，坪内寿夫却发现了黑暗中的希望所在：发挥来岛公司的强项，避开硬碰硬的竞争冲突，才能使之发展壮大。

其实，困难和绝望像迷雾一样，迷惑的只是那些内心懦弱、不去寻求突破的失败者；而对成功者来说，它们只是找寻阳光道路上的一层薄雾，不足为惧。后者会选择在绝望的大山压来时，不去推诿、抱怨、绝望，而是肯定自己、相信自己，选择用坚强的意志和不懈的努力去寻找突破困境的方法。

因此，没有绝望的事，只有绝望的人。在企业发展的过程中，企业管理者应始终坚信：眼前的迷雾只是暂时的，任何事情都能够解决，只要不被眼前的"绝望"吓倒，冷静地整理思路，就能够"守得云开见月明"，看到前进道路上的希望之光。

第二节　只要你想做事，逆境就是常态

常常有人问我成功的概念，我说"成功"是活着的人不能说的词，因为只要你想做事，逆境就是你的常态；如果不想做事，失败就是你的常态。

人这一辈子，如果想要成长，最重要的是求得自己内心的坚强。只有自己勇敢、坚强起来了，才不会被难倒。这里所说的勇敢、坚强，不是指被世事沧桑摔打以后，最后变得老于世故，对任何东西都不再动情的冷漠态度。

一个不动感情的人绝对不会产生激情，也绝不会产生向上的力量。我们所要的，是在历经磨难后，内心产生的另外一种状态，这才是真正的坚强——这个"坚强"体现在你愿意接受现实世界，对现实世界更加敏锐。这种"坚强"，我们可以称之为信念。

信念，是从你内心产生的一种坚强。也许有人会问，到底什么是内心产生的坚强。很简单，在你面对任何艰难困苦、曲折失败的时候，相信自己未来能够做成事情，相信自己能够继续往前走。

常常有人问我成功的概念，我说"成功"是活着的人不能说的词，因为只要你想做事，逆境就是你的常态；如果不想做事，失败就是你的常态。活着就是在起起伏伏中前进，成功就是不管你怎么跌倒，还要爬起来。坚强的人，都是能够从失败中站起来的人。

——俞敏洪2008年在武汉"名家论坛"上的讲话

背景分析

1991年的一个夏夜，俞敏洪推着装满行李的三轮车离开了北大南门。可以说，这一次人生的突围，对于俞敏洪而言有着分水岭的意义：当时

的处境愈是落魄和艰难，愈能激发俞敏洪作为"三流文人"的"痞子精神"，促使他开创一条属于自己的事业之路。

当然，事业的起步通常不会一帆风顺，正如俞敏洪所言，"成功"是活着的人不能说的词，因为只要你想做事，逆境就是你的常态。开办培训班时，由于没有办学执照，也没有为人所知的教学品牌，俞敏洪无法独自招生。当时，东方大学是一所由中国人民大学的几个退休老教授合办的学校，其外语教育在行业内有点名气。想起过去在东方大学外语培训班打工的经历，俞敏洪觉得，最好的办法就是和东方大学合作。对于东方大学而言，只需盖几个章就能收入高额的"品牌使用费"，校方自然是愿意的。最后，为了能够使用学校的品牌，取得合法办学的权利，俞敏洪要拿出总收入的25%给东方大学，而他自己的实际利润就很低了。

但是，合作总算达成。俞敏洪开始依托东方大学创办自己的英语培训班——东方大学外语培训部。这一年俞敏洪29岁，他在逆境中突围的目标仅仅是：摆脱生活的窘境，攒够出国费用，然后像他羡慕的同学和朋友一样，到美国去留学。

到了1993年，俞敏洪觉得已经不需要再使用东方大学的品牌了，他想申请办学执照，创办一所真正属于自己的学校。此后，俞敏洪为了一张合法的办班办学执照，经常骑着自行车去北京市海淀区教育部门协调沟通，磨了半年多时间，教育部门的人实在无法招架俞敏洪的苦苦哀求，终于给了俞敏洪一个试营业的办学许可证，但同时声称："半年以后如果有一个学生来告状，立即把你的办学许可证吊销。"

执照下来那天是1993年11月16日，呼啸的北风卷着黄沙，弥漫着整个北京城，而此时的俞敏洪骑着一辆破旧的自行车，好似一个从沙场凯旋的英雄——这一天"新东方"正式成立，俞敏洪对它的未来充满了希望和期许。

然而，创业路上的许多辛苦和折磨，都是没有经历过的人无法想象的。俞敏洪毕竟是一名教师，此时却要放下架子抛开面子去做宣传、去贴小广告、去争抢生源，为了摆平纠纷去"巴结官道上的人"……正如俞敏洪自己回忆时所说："那时，身体上的痛苦还能够忍受，但精神上的折磨几乎让我丧失信心。"但是，对于俞敏洪和刚刚成立的新东方来说，"逆境"的磨炼和锻造，才只是开始。

2013年是俞敏洪带领新东方走过的第20个年头，经过20年的风雨历程，俞敏洪经受的逆境和艰难已经数不胜数。从无数逆境中走过来的俞敏洪认为，只要还想有所追求、有所成就，遇到逆境就是再正常不过的事情。

拓展透析

人生的际遇有两种，一种是顺境，一种是逆境。在顺境中顺流而下，抓牢机会，或许每个人都能够做到；但面对逆境，许多人往往败退，在逆流中舟沉人亡。因此，人们对于逆境避之唯恐不及。

其实，我们不妨换个思路：逆境，就是危险中的顺境。世界上一切危机都孕育着机会，且危机愈重商机愈大。洛克希德-马丁公司前任CEO奥古斯丁认为：每一次危机本身既包含失败的根源，也孕育着成功的机会。在逆境之中，一个人要善于把自己最弱的部分转化为最强的优势，这样才能为自己开拓人生的新局面。

蜚声世界的迪斯尼创始人沃尔特·迪斯尼，年轻的时候是一个贫困潦倒、无人赏识的画家。几经周折，他才找到一份工作，替教堂作画。

当时，他借用了一间废弃的车库作为临时办公室，可来自教堂的微薄报酬根本入不敷出，他一直在逆境中徒劳挣扎，没有生机。

更令他心烦的是，每次熄灯后，房间里就有一只老鼠吱吱叫个不停。他想拉开灯赶走那只讨厌的家伙，但疲倦的身心让他干什么都没劲，他只好听之任之。反正是失眠，他开始注意老鼠的叫声，他甚至能听到它在自己床边跳跃的声音。慢慢的，他习惯了在寂静的午夜有一只老鼠与自己默默相伴。

后来，不只在夜里，即使白天小老鼠偶尔也会大摇大摆地从他的脚下走过，得意忘形地在不远处做着各种动作，表演着精彩的杂技。小老鼠使他的工作室有了生机，成了他的朋友，他则成了小老鼠的观众，彼此相依为命。

又一个漫漫长夜里，沃尔特突然听到"吱"的一声，那是老鼠的叫声。这一刻，灵光一现，他拉开了灯，支起画架，画出了一只老鼠的轮廓。

美国最著名的动物卡通形象——米老鼠就这样诞生了。

迪斯尼经历了许多挫折，终于走出逆境，当然，帮助他走出逆境的不是那只老鼠，而是他自己。

逆境是一柄双刃剑，它能将弱者一剑削平，令其从此倒下，但是同时它也能够让强者更强，使强者练就出色而几近完美的人格。在不屈的人面前，逆境会带来一份礼物，一种人格上的成熟与伟岸，一种意志上的顽强和坚韧，一种对人生和生活的深刻的认识。

第三节　成功必须练就三种忍受能力

> 我总结了成功所必须具备的三种能力：第一是忍受孤独的能力；第二是忍受失败的能力；第三是忍受屈辱的能力。

除了学习外，还有其他一些能力比学习更重要，会使你更容易走向成功。我总结了成功所必须具备的三种能力。

第一是忍受孤独的能力。因为在你成功以前，你永远是孤单的，没有人能帮得上你，没有人会崇拜你和注视你。God helps those who help themselves（自助者天助）。所以，人是孤单地奋斗的。不管有多少人在你身边，要真正达到成功，主要还是靠你自己。

第二是忍受失败的能力。在我们的生活中失败太多了，很多托福学生第一次考了550分，第二次考了570分、580分，要考好几次才能通过。你要能

第一篇 关键时刻之绝望与希望的较量
挺立在孤独、失败与屈辱的废墟上

够经受得住失败，并且从失败中学会奋进。新东方学校副校长徐小平原来是学音乐的，英语水平并不是很高，所以他考托福考了3次，第一次是500多分，第二次还是500多分，但是第三次就考了600多分，最后终于到美国深造去了。

所以，如果你失败一次就不能承受这次失败给你带来的压力，那你也就完蛋了。因为一个人生活中通常失败为多，成功为少。你行动9次，大概6~7次可能是失败的。每次行动都成功的人并不多，但每次失败都是后次成功的基础。

第三是忍受屈辱的能力。我们在生活中常常会受到侮辱。你到商店买东西，售货员横眉竖眼，你会觉得受了侮辱；你想出国，得盖近20个章，每一个章都需要求爷爷拜奶奶，所以每个章几乎都是一个侮辱。但面对屈辱，有的人能当作动力，有的人就从此沉沦。

韩信之所以能够成就大业，就是因为他有忍受屈辱的能力。钻裤裆是奇耻大辱，但当时的他是不得不钻的，如果不钻，他只有两个结果：一是他被那个人杀掉，从此没有韩信了；一是他把那个人杀掉，他赢得了暂时的胜利，但从此也没有了韩信。因为他杀人了，杀人者偿命，他就会被法律杀掉。

任何一个结果都会消灭韩信，历史上就不会有韩信这个人。韩信之所以能以忍辱负重而成大业的形象，在中国历史上千古流传，就是因为他钻了裤裆。当然我不是鼓励大家去钻裤裆，只是为了钻裤裆而钻裤裆，那你就成了钻裤裆专家。你钻裤裆的同时眼睛是看着未来的，你心中有着远大的目标，有了这种目标以后，忍受暂时的苦难和屈辱是必要的。

——摘自《挺立在孤独、失败与屈辱的废墟上》

背景分析

新东方上市，俞敏洪一夜之间从身无分文的穷教师变成了亿万富翁，但是他没有为这些钱激动过；新东方越做越大，俞敏洪也没有为自己的名声激动过。不管是财富,还是名声,都影响不了俞敏洪对生命本身的看法:财富与名利并不能为生命带来由内而外的快乐。

然而,在谈到失败时,俞敏洪总是有很多话说。他曾在演讲中说:"我认为我过去生命中的两件事对我带来了好处:第一,我从小出生在农村,1～18岁受尽苦难,从此终生知道生活之不易;第二,我在大学得了肺结核,从此知道了生命的脆弱和生存的意义。"

俞敏洪认为,忍受孤独的能力是成功者的必备条件;忍受失败的能力是重新振作的力量源泉;忍受屈辱的能力是成就大业的必然前提。这3种能力,在某种意义上构成了一个人背后的巨大动力,也是一个人走向成功的绝对要素。而这3种方式的忍受,俞敏洪都深有体会。

俞敏洪在北大学习的时候一直很努力,可以说是拼命追赶,但成绩始终在班里倒数五名之内,最后也是以全班倒数第五名的成绩毕业的。在北大的5年,俞敏洪是失败的,但是他从来没有放弃学习,因为他相信,只要给他足够的时间,他就能把事情做成。

俞敏洪有一段精彩的自我控诉:"进了大学,没有一个女孩爱上过我,我是个Loser(失败者);在北大教了7年书没有什么成就,我还是个Loser;在北大10年没参加过任何活动、加入过任何团体,我是个Loser……"北大是一个令俞敏洪百感交集的地方,说起俞敏洪对北大的情感,甚至可以用"五味杂陈,爱恨交织"来形容。

"我自己也是在失败与成功之间,不断地加强对成功的信念……我的成功只有一个,失败却有无数个。"正如俞敏洪所言,他经历了很多次失败。但是俞敏洪认为,一个人成长的过程,就是一个不断在失败中寻找与把握机会的过程。没有失败就无所谓成功,没有遭遇过挫折和失败的人生是不丰富的人生,就像白开水,纯净却没有味道。

俞敏洪在北大的求学生活也是孤独的,他是被边缘化、被忽视的角色。带着深刻的孤独和自卑,俞敏洪在北大的精英之中,只能悄悄地成长与蜕变。尤其是大三时得肺结核,俞敏洪不得不休学一年,在医院接受治疗,全靠读书和写诗度过漫长的时日。

第一篇　关键时刻之绝望与希望的较量
挺立在孤独、失败与屈辱的废墟上

病愈返校时，俞敏洪从80级转到了81级。这一转级的结果是，两个班的同学都认为俞敏洪不是自己班上的，同学聚会时，俞敏洪总是被遗忘的那一个，同学之间互相看望，却没有一个人去看俞敏洪。这个时期，俞敏洪倍感孤独和失落。

毕业后，俞敏洪留校任教。为了生计，也为了筹集出国留学的费用，俞敏洪开始在校外的各个培训机构教书。但是北大认为俞敏洪打着北大的名义，在校外私自办补习班这种行为是违反规定的，就给了俞敏洪一个行政记过处分。

处分通知在1990年的秋天里通过高音喇叭播报出来，每一句话都打在俞敏洪心上。这个处分被大喇叭连播3天，北大有线电视台连播半个月，处分通告也在北大著名的三角地橱窗里锁了一个半月。这样的惩罚对一个爱面子的知识分子来说，是一种巨大的打击和屈辱。以前的俞敏洪一直默默无闻，被隔离在北大的主流之外，如今一下子出名，却是以这样难堪的方式。俞敏洪由此背上了沉重的心理负担。

处分公布后，俞敏洪硬着头皮走进教室，学生们都用异样的眼神看着他；走在校园里，总是有人指指点点。他意识到，北大待不下去了。师道尊严，当一个教师失去脸面的时候，就等于失去了他教学的生命。1991年，感觉到颜面扫地的俞敏洪只得选择离开。

失败、孤独、屈辱折磨了俞敏洪，也锻炼了俞敏洪。若干年后，俞敏洪不再是大家眼中的失败者，而是公认的北大西语系80级最优秀的毕业生。在失败、孤独、屈辱的废墟上站立起来的新东方，也让俞敏洪最终完成了自我的救赎和生命的奔腾。

拓展透析

创业充满不确定性，可能成功，也可能失败。即便偶然的成功，其经验和痛苦经历也常常是孤独之中的奖赏。何况，在高度复杂的情感和理性的纠葛之中，灵感的产生也是高度个人化的活动。

巨人网络CEO史玉柱之所以被人们认可，并成为很多人的偶像，并不是因为他曾经铸就的辉煌，而是因为他在追求事业时忍受的孤独、失败以及屈辱中展示了一种生命的张力，让世人目睹了他从废墟中翻身的奇迹。

孤独对于史玉柱而言，具有别样的意义。他是能够享受孤独的人，并且能够从孤独中获取灵感和智慧。1990年1月，为了研发汉卡升级产品，史玉柱在深圳大学的两间学生公寓里准备了20箱方便面，把自己"关"了整整150天。可以说，正是孤独中绽放的光芒，成就了第一代巨人汉卡的创业传奇。

然而，史玉柱一手打造的光芒四射的巨人集团，竟在人们的惊异目光和指责声中轰然倒塌，史玉柱负债2亿多，甚至被称为"最牛失败者"和"中国首负"。从1997年巨人倒下一直到2001年，史玉柱在长达4年的时间里，时常把自己关在屋子里，哪里也不去，整夜整夜地打游戏。起初人们以为，他玩游戏是为了消磨时日，因为从高峰突然坠入低谷，再加上随之而来的负面评价，其痛苦和屈辱可想而知。

但谁也没有想到的是，几年后，一款名为《征途》的网络游戏声名鹊起。而这款游戏的最初设计和创意，全部都来自史玉柱"一个人的游戏"中的想法。孤独、失败和屈辱没有让史玉柱变得沮丧，反而让他站了起来。

史玉柱历经沉浮，忍受屈辱也成了他的人生必备经验。巨人蒸蒸日上时，他是媒体正面宣传的榜样；巨人失败后，媒体的态度转了180度，负面的暗示和批评，时刻伴随他的一举一动。每次遭遇媒体的这类集体围攻之时，史玉柱则自嘲为"大嘴"，从不反唇相讥，这样做最后换来的是媒体的刀剑很少再刺向巨人集团本身。以退为进，忍辱负重，正是史玉柱的成功之道。

史玉柱后来说，巨人原本不至于失败，但媒体赶尽杀绝、恶语相向，才把巨人搞死。即便如此，史玉柱复出之后，从未公开追究任何媒体人的责任。2001年，史玉柱公开还债，把曾经的伤口暴露给世界，以最大的诚意挽回巨人失败带给他的屈辱，以及对社会造成的负面影响。

成功一次甚至成功10次的人都不算什么，那些不断摔倒，还能不断站起来的人，才是真正了不起的。创业的过程中，总会遇到各种不可变因素，环境需要人去适应而不是逃避，大多数不能够忍受孤独、失败和屈辱的人，最终只会被失败和挫折永远地击败。

其实，一个人能够走多远，很大程度上与其自身的弹性有关。所谓"大丈夫能屈能伸"，这不仅仅是态度和观念的问题，从根本上说，也是一个人调整自我、适应变化的一种能力。面对失败和屈辱的坚韧意志，是成功者必备的精神品质。

第二章
坚守是源自内心的一种动力

第一节　我一直认为我是一只蜗牛

我一直认为我是一只蜗牛。我一直在爬，也许还没有爬到金字塔的顶端。但是只要你在爬，就足以给自己留下令生命感动的日子。

有一个故事说，能够到达金字塔顶端的只有两种动物，一是雄鹰，靠自己的天赋和翅膀飞了上去。我们这儿有很多雄鹰式的人物，很多同学学习不需要太努力，就能达到高峰。很多同学后来可能很轻松地就能在北大毕业以后进入哈佛、耶鲁、牛津、剑桥这样的名牌大学继续深造。

有很多同学身上充满了天赋，不需要学习就有这样的才能，比如说我刚才提到的我的班长王强，他的模仿能力就是超群的，到任何一个地方，听任何一句话，听一遍模仿出来的绝对不会两样。所以他在北大广播站当播音员当了整整4年。我每天听着他的声音，心头咬牙切齿充满仇恨。所以，有天赋的人就像雄鹰。

但是，大家也都知道，有另外一种动物，也到了金字塔的顶端，那就是蜗牛。蜗牛肯定只能是爬上去，从底下爬到上面可能要一个月、两个月，甚至一年、两年。在金字塔顶端，人们确实找到了蜗牛的痕迹。

我相信蜗牛绝对不会一帆风顺地爬上去，一定会掉下来，再爬，掉下来，再爬。但是，同学们所要知道的是，蜗牛只要爬到金字塔顶端，它眼中所看到的世界，它收获的成就，跟雄鹰是一模一样的。

第一篇 关键时刻之绝望与希望的较量
挺立在孤独、失败与屈辱的废墟上

所以,也许我们在座的同学有的是雄鹰,有的是蜗牛。我在北大的时候,包括到今天为止,我一直认为我是一只蜗牛。我一直在爬,也许还没有爬到金字塔的顶端。但是只要你在爬,就足以给自己留下令生命感动的日子。

——俞敏洪2008年在北京大学开学典礼上的讲话

背景分析

在西方有这样一个神话故事:西西弗斯被宙斯判为永罚,必须每天将一块巨石推到山顶,等巨石由山的另一边滚下,然后重复劳动,继续推上,永无停息。俞敏洪以这个故事自比,他认为,人的一生是学会坚持的一生,有的人可以一生过得很辉煌,而有的人则过得很琐碎,这其中的区别就在于,有没有在一个目标上坚持下去。

进入北大以后,俞敏洪发现,北大西语系很多课程都是全英文授课,这对于口语和听力都很差的俞敏洪而言,在课堂上听老师讲课如同听外星人说话,就算熟悉的单词发出来的也是他听不懂的声音,他完全不知道老师讲的是什么意思。

最让他郁闷的是,每次上课老师都让他发言。等他说完后,老师总是无奈地说:"除了'俞敏洪'三个字能听懂外,我恐怕什么也听不懂了。"这样的情况让俞敏洪感到极大的羞愧。而且,俞敏洪发现自己也没有能力参加班上各种各样的学生活动;不管怎么努力,学习成绩一直在班里倒数。于是,俞敏洪开始在自己的专业——英语上花费更多的心血。

俞敏洪一直崇尚的是"笨鸟先飞"的学习理念,既然在学习上天资比不上别人,那就用笨方法多努力。那么,他是怎么学习的呢?俞敏洪这样说道:"方法很简单,简直称得上笨,但是这种办法很有效,那就是每天比别人多背多记。"

在那段拼命学习的时光里,俞敏洪杜绝了一切与学习无关的人情往来,一天十几个小时地狂听狂背。他找到一片安静的小树林,每天带着一台收音机、一本资料钻进去，到了午饭时间出来吃饭，之后又钻进去。晚上到了熄灯时间，他跑到走廊尽头，继续沉浸在英语的世界里。与他住一个寝室的同学们都有点怕他，因为俞敏洪的状态太疯狂了，"听外语听得两眼发直，像饿狼一样"。

这样的"树林生涯"过了两个半月以后，俞敏洪发现，他能听懂任何人所讲的任何英文，他终于成了会听英文、会说英文的人。在练习的过程中，他慢慢发现他在对于词义的衍生记忆方面相比其他同学有优势。

比方说，很多次老师讲课过程中涉及的一些生僻单词，一般同学都被难倒，他却能将其词性、词义以及延伸意思娓娓道来，令老师和其他同学刮目相看。名声传出后，他成为系里的"单词大王""超级英文词典"，任何生僻的词都可以问他。俞敏洪背单词到了如此的地步：市面上已经买不到他能用的单词书了，因为他全背完了。

俞敏洪用勤奋的"锄头"，终于在词汇量方面超过了其他同学。他就像是一只不停前进的蜗牛，靠持之以恒的努力，爬向他的目标——金字塔的顶端。

到1985年俞敏洪留校任教期间，他的英语词汇量达到了巅峰——7万多个，比一本六七厘米厚的《朗文英汉双解词典》还要多一倍。他为了备课，曾经背破两本《朗文现代英汉双解词典》。

"我比较有耐力，有目标，认定了就坚持去做，并且愿意没有时间限制地去做。"俞敏洪在很多场合都重复过这句话。他还经常拿鼓励自己的话来鼓励自己的学生："一天比别人多背10个单词，10天多背100个，100天多背1000个，一年以后就没有人超过你的词汇量了。每天比别人多走一步，10天比别人多走10步，100天多走100步，别人就没法跟你比。"

俞敏洪认为，自己没有鹰的天赋，但是有蜗牛精神，只有自己实实在在、勤勤恳恳地向前"爬"，才能有站在金字塔顶的机会。因此，哪怕是后来在为学生上课期间，俞敏洪也每天都坚持备课。就像学琴者每天上千次地重复一个动作，俞敏洪自己也无数次地重复着同样的单词、句子、词汇。即使现在身为新东方的CEO，他也同样做着这些事：随着新东方的发展，俞敏洪每年都要坚持到全国各地做两三百场的演讲，几乎每天一场。

就如俞敏洪所说：我在北大的时候，包括到今天为止，我一直认为我是一只蜗牛，但是我一直在爬，也许现在还没有爬到金字塔的顶端，但只要你在爬，就足以给自己留下令生命感动的日子。如果不为自己留下一些让自己热泪盈眶的日子，你的生命就是白过了。

拓展透析

这个世界上有一种人，他们寂寂无声，却恒心不变，只是默默辛劳地努力着，坚持到底，从不轻言放弃。耐性与恒心是实现梦想的过程中不可缺少的条件。恒心与追求结合之后，便形成了百折不挠的巨大力量。事业如此，德业亦如是，每个人的成长都是一个漫长而坚毅的过程。

学者王国维曾总结了人生的三个境界。其一为志存高远，"昨夜西风凋碧树，独上高楼，望断天涯路"；其二为持之以恒，"衣带渐宽终不悔，为伊消得人憔悴"；其三为成功境界，"蓦然回首，那人却在灯火阑珊处"。荀子也说："锲而舍之，朽木不折；锲而不舍，金石可镂。"这些话都说明目标专一和持之以恒是成功的必由之路。

一位青年问著名小提琴家格拉迪尼："你用了多长时间学琴？"格拉迪尼回答："20年，每天12小时。"也有人问基督教长老会著名牧师利曼·比彻为那篇关于"神的政府"的著名布道词准备了多长时间，牧师回答："大约40年。"

李安是中国著名的导演，2013年2月凭借《少年派的奇幻漂流》获得第85届奥斯卡最佳摄影奖、最佳视觉效果奖，以及最佳导演奖。在此之前，2006年他已经凭借电影《断背山》荣获第78届奥斯卡金像奖最佳导演奖，截至现在李安仍然是唯一一个获此殊荣的华人导演。

李安自小就对电影感兴趣，高一时插班，父亲拿了一张测兴趣的表让他填，和大陆的文理分科类似，上面几百个科目，李安没一个喜欢的。父亲问："你喜欢做什么？"李安说："我想做电影导演。"所有人都笑，没人以为这是可能的事。大学填报志愿的时候，他填的是戏剧学院，可是两年他都落榜了。但是，他仍然不放弃，他就是想念戏剧。在第三年的时候，他终于考上台湾大学艺术学院。大学毕业后，他去美国留学接着读戏剧专业。

硕士毕业后，李安却没能找到一份跟电影有关的工作。为此他在家整整待了6年，这6年里他每天在家大量阅读、大量看片、埋头写剧本。因为他没有工作，所有的支出都靠他的妻子一个人，家里的经济状况非常糟糕。他的二儿子出生的时候，他的卡里只有43美元。为了帮助妻子分担，他在家也做菜、做饭、带孩子，变成了一个"家庭主男"。日后回忆起这段难熬的生活，李安仍然十分痛苦："我想我如果有日本丈夫的气节的话，早该切腹自杀了。"

物质贫乏、精神痛苦，别的同学都无法忍受这样的日子，纷纷转了行，可是李安仍初心不改。记者曾经问他，难道从来就没想过改行吗？他说："不能，改变不了，改变不了可能是心理上不愿意改。因为我知道，我做电影是很有天分的，我自己晓得，不做电影什么东西也不是。所以如果我要选择的话，我当然是做电影，如果我不去做电影，真的是改行，我想一辈子都会悔恨。其实就那么简单，我就耗耗耗，等等等。"

就这样，6年的等待与煎熬换来了他的一鸣惊人，所谓十年磨一剑，李安的第一部电影《推手》获优秀剧作奖、亚太影展最佳影片奖等。从此之后，李安就再也没有停过拍摄电影，终于凭借一部部为大众所喜爱的电影成为闻名世界的导演。

李安之所以能在电影界取得如此的成就，最主要的原因是他对于一定要从事电影行业的坚定和执着，即便为了这一目标要付出十几年的努力，一点一点地往前爬，也坚决不放弃。正是这样的毅力和坚持的信念，让李安在属于自己的人生航道上走出了今天的辉煌。

其实，每一个渴求成功的创业者都应该意识到：一个人想要有所成就，就要有"铁杵磨成针"的耐性，一种自始至终坚持不懈的精神。这种精神是俞敏洪所说的"蜗牛精神",也是荀子所说的"驽马十驾,功在不舍;锲而不舍,金石可镂"的精神。带着这种精神去追求事业,哪怕不是天资聪颖,也同样可以取得成就。

第二节 坚持不是因为坚强,而是别无选择

在走的过程中,我也痛苦得流过泪,也曾经痛苦得号啕大哭过,但我知道真的坚持下去,不是因为你坚强,而是因为你别无选择。

有的时候,我们选择前进,不是因为我们有多么坚强。有这么一句话让我很感动,也变成了我的座右铭:"坚持下去不是因为我很坚强,而是因为我别无选择。"

新东方有一个运动,叫作徒步50公里。任何一个新东方新入职的老师和员工都必须徒步50公里,而未来的每一年也都要徒步50公里。很多人从来没走过那么远的路,一般走到10公里就走不动了,尤其是要跋山涉水地走。

每次我都会带着新东方员工走,走到一半的时候会有人想退缩,我说不行,你可以不走,但是把辞职报告先递上来。当走到25公里的时候你只有3个选择:第一,继续往前走;第二,往后退——但当你走到一半的时候,你往后退也是25公里,还不如坚持往前走呢;第三,站在原地不动,而在人生旅途中停止不前还有什么希望呢?

我们的人生有很多迷茫和痛苦,而只要你坚持往前走,痛苦往往会解决掉。在走的过程中,我也痛苦得流过泪,也曾经痛苦得号啕大哭过,但我知道真的坚持下去,不是因为你坚强,而是因为你别无选择。走到最后你会发现,总会有成果。我没想到刚开始才培训13个学生,现在变成培训175万学生。其实,所有这一切,你都不一定要去想,只要坚持往前走就行了。

——摘自俞敏洪同济大学演讲《度过有意义的生命》

背景分析

1992年年初，因为新东方办得比较好，名声越来越响亮，称得上是"异军突起"，引起竞争对手的眼红。因为大部分的生源被抢，竞争对手直接对新东方的广告人员下了黑手——俞敏洪的广告人员被人捅了3刀，所幸不是致命的3刀。这时，俞敏洪才意识到，办学校并不像教书那样简单，有各方面的危机需要应付。

俞敏洪找对方协商解决，可是对方根本不买账，表明态度："只要你俞敏洪在一天，我就跟你斗一天！"俞敏洪只好寻求公安局的帮助，在别人的"点拨"下，俞敏洪请几位朋友喝了一顿酒，最后还把自己给喝伤了，住进了医院。

事后，他委屈极了，跟自己的妻子哭着喊："我不干！再也不干了！把学校关了！我不干了！"一个多小时，他一边哭，一边撕心裂肺地喊着。他至今想起这件事还是一肚子心酸："那时，我感到特别痛苦、特别无助。四面漏风的破办公室，没有生源，没有老师，没有能力应付社会上的事情。同学都在国外，自己正在干着没有希望的事业……"那时候，他只能选择哭泣，满腔的委屈倾泻而出。

但是，不做英语培训，又能做什么呢？那天晚上他哭够了，喊累了，但是酒醒之后，想起来晚上7点还有课，他又像往常一样，拿着包上课去了。在俞敏洪看来，眼角的泪痕可以不擦干，该干的事却不能不干。

吃常人难以吃的苦，忍受常人难以忍受的磨难，这是俞敏洪最终走向成功的路径。为了让新东方顺利地发展下去，俞敏洪就必须学会跟社会方方面面的人搞好关系。对于刚从象牙塔走出来，社会经验并不多的俞敏洪来说，这无疑是一堵很难翻越的墙。

他当时的想法是："这个阶段对我的最大挑战是，我不仅仅是一个教书匠了，我发现面临好多我没有办法解决的问题。"

但俞敏洪没有别的选择，没有别的路，他不可能让妻子出面求人办事，只能自己去。除了新东方，他一无所有，如果新东方做不下去，他就什么都没有了，俞敏洪后来坦言："当时压力很大。"无奈之下，俞敏洪骨子里那种不服输的品性又开始发挥作用，不擅长跟陌生人打交道，不擅长跟社会打交道，不擅长喝酒、不擅长跟官场打交道，他就改变自己去学、去应酬……

俞敏洪知道，通向成功的道路从来都不是一帆风顺的，苦难与折磨总是相随，总会有各种各样意想不到的困难。他的一位好朋友王明夫评论俞敏洪说："中国的媒体都在报新东方，俞敏洪在那儿光芒四射，但是只有我才知道他今天的成功几乎能够用两个字来形容，就是'泣血'，是很艰难的。"

在新东方的事业向前发展的航程中，一直不缺少惊涛骇浪和狂风骤雨，但俞敏洪都以超越常人的坚忍和倔强挺了过来。回想起那些艰难岁月，俞敏洪用了这样一句话："很多时候，选择坚持下去，不是因为有多坚强，而是因为别无选择。"

拓展透析

被誉为"经营之神"的松下幸之助9岁起就去大阪做了一个小伙计，后来，父亲的过早去世又使得15岁的他不得不挑起生活的重担。

22岁那年，他晋升为一家电灯公司的检查员。就在这时，松下幸之助发现自己得了家族病，而家中已有9位家人在30岁前因为家族病离开人世。他没了退路，反而对可能发生的事情有了充分的思想准备，这也使他形成了一套与疾病做斗争的办法：不断调整自己的心态，以平常之心面对疾病，调动机体自身的免疫力、抵抗力与病魔斗争，使自己保持旺盛的精力。这样的过程持续了一年，他的身体变得结实起来，内心也越来越坚强，这种心态影响了他的一生。

经过患病一年来的苦苦思索，改良插座的愿望受阻后，他决心辞去公司的工作，开始独立经营插座生意。创业之初，正逢第一次世界大战，物价飞涨，而松下幸之助手里的所有资金还不到100日元。公司成立后，最初的产品是插座和灯头，因销量不佳，工厂到了难以维持的地步，员工相继离去，他的境况变得很糟糕。

但是，松下幸之助把这一切都看成是创业的必然经历，他对自己说："已经别无选择了，必须坚持下去。"此时的松下幸之助相信，坚持下去是唯一的出路，只要再下点功夫，就有接近成功的把握了。功夫不负有心人，在松下幸之助的不懈努力之下，生意逐渐有了转机，直到6年后拿出第一个像样的产品，也就是自行车前灯时，他的公司才慢慢走出了困境。

然而，在以后的经营道路上，松下幸之助依旧遭遇着除了坚强挺住别无选择的境况：1929年经济危机席卷全球，日本也未能幸免，大量产品销量锐减，库存激增；1945年，日本的战败使松下幸之助变得几乎一无所有，剩下的是到1949年时高达10亿元的巨额债务；为抗议把公司定为财阀，松下幸之助不下50次去美军司令部进行交涉……

一次又一次沉重的打击，让松下幸之助除了坚持之外别无选择，而结果也正是因为他坚强地挺了过来，才最终战胜了困难。这样，松下幸之助不仅凭借自己的坚持和内心的强大一次次改变了公司的命运，也为自己赢得"经营之神"的美誉。

如今，松下公司已经成为享誉全世界的知名品牌企业，而这个品牌正是在不断的坚持与磨砺之中成长起来的。

别无选择，也是一种激发。因为没有别的选择，反而会积蓄力量、心无旁骛地选择前行。而且，很多在事业上有很大突破的人，往往都是在一次次跌倒的阵痛中，在无数坎坷的遭遇中，不断地成长，不断地适应社会，最后不断强大自己，取得连自己都惊讶的成就。

第三节　不要失去追求和跳跃之心

在我们的生活中，很多人都陷入了像跳蚤被封闭在杯子里一样的状态。

大家要记住：不管你在生活中遇到多少磨难、多少痛苦，都不要失去追求和跳跃之心。

什么叫跳跃之心呢？科学家做过一个实验，把跳蚤放在一个杯子里，它会立刻从杯子里跳出来，跳的高度比杯子高出好几倍。然后科学家给杯子加了一个盖子，让这个跳蚤继续跳，每跳一次它就被盖子弹回去。

这样过了一段时间，科学家把盖子拿掉，再观察这个跳蚤，发现它已经跳不出杯子的高度了，因为不断的失败给了它太多的暗示，它已经知道只允许跳这么高，以至于盖子被拿掉后，它依然不敢跳得太高。

科学家是怎样让跳蚤跳出杯子呢？很简单，狠狠敲一下杯子，跳蚤受到震动，一下就跳出来了；或者在杯子下面放把火，把杯子烧热，它也就能一下子跳出来。在我们的生活中，很多人都陷入了像跳蚤被封闭在杯子里一样的状态。

小时候我们本来应该很活泼的，我们本来应该很具备创造力的，但我们被折磨人的教育压制了十几年，被中国各种各样的传统文化束缚了几十年，以至于我们得到了无数的暗示：老实本分点吧，否则我们就会大大地吃亏。中国有很多让人老实的说法，如"人怕出名猪怕壮"，"木秀于林，风必摧之"，"枪打出头鸟"，弄得中国人像缩头乌龟，很少有人敢跳出来。

——摘自《新东方需要什么样的老师》

背景分析

俞敏洪是一个做事有目标、有毅力的人，他总结自己的成功时这样说道:"我的成功源自两个因素,一是我确实有梦想,二是我会始终咬定梦想不放松。"在俞敏洪看来,一个人成功与否,不在于他的教育背景有多深厚,经历有多传奇,而在于他对自己的未来抱持怎样的心态和追求,是否使自己始终处于向上生长的状态。

俞敏洪在18岁之前没有坐火车离开过家乡,直到上北京读大学,他才亲眼看到了火车。俞敏洪的家旁边有一座小山,少年的他经常登上这座山,看长江上来来往往的船,每次一看就是很长时间。那时的俞敏洪常常想,坐上这些船会到达什么地方呢?那些地方又会有怎样的风景?尽管年少的俞敏洪并不确定,但已经有了穿越地平线的渴望,他相信远方一定有一个更广阔的天地在等着他。

只是,通向辉煌的未来之路总不会是一蹴而就的。本身就很自卑和痛苦的俞敏洪,在大三那年患上肺结核,于是不得不休学一年。在医院休学治病的这一年,是俞敏洪人生中最压抑的日子,事事不如人,样样不得意,那时的他沉默寡言,住进医院无聊时就数石头、看红叶,或者一个人静静地写诗。

这时,俞敏洪有幸见到了朱光潜教授。那段时期是朱光潜教授最后的日子。当时,俞敏洪班上的同学每天轮流推着轮椅在北大里陪朱光潜教授一起散步。每次轮到俞敏洪推轮椅的时候,他的心中就有一种神圣感油然而生。受朱教授的影响,俞敏洪读了他的《西方美学史》。

读完这本书,俞敏洪尝到了阅读的快乐,也燃起了内心追求优秀的火焰,他开始"扫荡"北大图书馆。北大的图书馆成为他的乐园,充裕的时间加上精神上的饥渴,俞敏洪在休学期间读了600多本名著,以平均一天两本书的速度,将中国历史和文学典籍看了十之六七。《论语》《曾国藩家书》《资治通鉴》《孙子兵法》《三国演义》……600多本名著成为俞敏洪最大的收获。

俞敏洪说:"我看了10遍《三国演义》,是非成败转头空,人活着不可能全对,也不可能总是成功,是与非、成与败都应该经历,这样的人生才精彩。一定要潇洒大方,该咆哮时就像大海一样咆哮,该爆发时要像火山一样爆发，该沉默时要像珠穆朗玛一样沉默。"

这些书中的营养正是俞敏洪所需要的。现在的俞敏洪依然保留着阅读的习惯，他说："优秀的书籍就像难得的朋友，在你不需要的时候，你感觉不到它们的存在；在你需要的时候，它们总是及时地来到你的身边。"

一年的休学，让俞敏洪有了发愤读书的追求之心，而受到北大的处分则让俞敏洪有了跳跃之心。许多年后，俞敏洪对北大的处分充满感激："当年我从北大出来，也不是自己主动愿意出来的，而是在被北大行政记过处分后才出来的，是被北大一脚踹出来的。现在我特别感谢北大，北大的这一脚，相当于在杯子底下烧了一把火，使我发现自己能跳多高。"

在俞敏洪看来，面临困难或失败觉得无法逾越的时候，应该提醒自己必须往前走，相信自己一定能跳过去。正是因为这种心态，俞敏洪在管理新东方的过程中，遇到再大的困难都能挺过去，带领新东方不断向前。

拓展透析

所谓追求和跳跃之心，就是指不甘于平庸，不满足于现状，永远追逐梦想的一种心理状态。拥有这种精神状态的人，在开创自己想要的事业之外，也必将追求到内心想过的一种生活。

雷军是中国IT行业最早的一批程序员之一，不到30岁就已成为金山软件的总经理，创办了国内的电子商务网站卓越网，2007年又开始做天使投资……然而，相比于同批互联网行业的弄潮儿马化腾、张朝阳、马云的成就而言，雷军就显得时运有些不济，尤其是2012年被央视评为"中国经济新锐人物奖"，对于年过40的雷军而言，可谓喜忧参半。

2010年4月，雷军在40岁后从零开始创办了一家新公司——小米科技，一家专注于高端智能手机自主研发的移动互联网科技公司。尽管这是外界所不解的，但是对于不折不扣的"手机控"雷军而言，确实是非做不可的事，因为他始终没有忘记年少时的梦想——创办一家在世界上受人尊敬的企业。

2011年8月小米公司发布第一款小米手机，2012年6月雷军的小米公司估值达到40亿美元，2013年8月雷军在微博上确认小米估值已经达到100亿美元。雷军带领他的小米公司所创造的奇迹，出乎众人的意料。可以说，小米的崛起速度之快在全世界互联网企业中都没有先例，很多企业都在研究小米、学习小米甚至希望复制小米，但是鲜少有人知道，小米是雷军40岁时才决定创办的。

古人说"三十而立，四十而不惑"，是说人在30岁时就应该业有所成，那么到了40岁，就不会因为无业而对人生或者事业产生困惑。2010年，雷军已经进入不惑之年，很多人认为，在互联网这个行业里40岁已经老了，不应该再继续折腾了。何况在外界看来，此时的雷军已是国内最成功的天使投资人，在他之前，天使投资人的概念几乎不为人知。此后他又先后投资过30多家公司，其中不少公司在各自领域有所建树，如拉卡拉、凡客、UCweb、乐淘等。

雷军在年少时就非常崇拜乔布斯，这源于他大学时代读到的一本书——《硅谷之火》。这本书让他第一次知道了苹果创始人斯蒂夫·乔布斯，那时候他就希望成立一家苹果一样世界一流的企业，做一件伟大的事情。"创业如跳悬崖，我40岁，还可以为我18岁的梦想再赌一回。"雷军说，"18岁的理想一直没有实现，我觉得心里不踏实。"

其实，以雷军的财富和成就，他完全可以去享受人生，而不是冒着巨大的风险继续创业。但是雷军并没有放弃，"我觉得40岁重新开始，也没有什么大不了的"。他心里始终有一个放不下的梦想，这个梦想促使他不断追求，在40岁后从零开始，再上路。

"我从22岁到38岁，在金山疯了整整16个年头，这中间的压力很难表达，像马拉松一样，原来是一个目标，只要把金山做好，并且完成IPO。其实IPO只是企业发展的一个阶段，对我来说却像攀登珠穆朗玛峰一样。原来以为只是累了，但是休假4周后还是身心疲惫。原来登顶以后，还是很疲惫，这是真心话。"这是雷军的一番话，寥寥数语述说着自己在金山走过的16年，但足以道出他心中那份艰辛，以及"登顶珠峰"的追求之心。

第一篇　关键时刻之绝望与希望的较量
挺立在孤独、失败与屈辱的废墟上

2007年冬天，雷军离开与求伯君一起创立的金山，为了打出租车，在风雪交加的中关村等了40多分钟，内心悲凉。雷军说，他年过40才走出低谷，抱着不是必赢就是必输的信念创办小米，因此体会到"跳下悬崖"的创业感觉。既然抱着这样的信念来创业，那就要做一个完完全全创新的东西，所以小米在手机和MIUI手机系统上不断进行颠覆性创新，多有惊世骇俗之举。

如今，悬崖下已是遍地鲜花。已经被大家所熟知的小米科技被认为是中国互联网产业最具创新性的产品，因为它对智能手机的商业模式、软硬件、营销方式、渠道创新和社区建设进行了一次彻底的颠覆和创新，是一个纯互联网思维的产物。

2013年雷军为小米定下1500万台的出货底线——去年这个数字是719万台。2013年上半年，小米已卖出703万台，营收达132.7亿元人民币，业界预计公司估值将达到90亿美元，小米很有希望成为阿里巴巴、腾讯、百度之后中国第四大互联网公司。

雷军曾说过，人因梦想而伟大。如今的小米正是以不断追求梦想作为驱动力，才能够以令人惊叹的速度向一家伟大公司迈进。其实，人生就是修行，修行就是无论做什么事，都要尽力使其臻于完美，要有一颗永无止境的追求向上的心。那些平淡或者困境中仍然不失追求、跳跃之心的创业者，才能在人生的旅途中取得更大的成就。

guan jian shi, yu min hong shuo le shen me

Article 02

第二篇

关键时刻之丛林生存的商业哲学

东方的精神，西方的规矩

第三章　创业没有一成不变的规则
第四章　瞄准市场：价值在先，财富在后
第五章　资本博弈的喜悦与哀愁
第六章　要不断变革自己，更新自己

第三章
创业没有一成不变的规则

第一节　新东方靠"一把刷子"起家

在1993年冬天新东方成立的时候,我自己拎着糨糊桶,在零下十几度的天气里去贴广告,把糨糊刷在柱子上,广告还没有粘上去,糨糊就变成冰了。

新东方的创办过程,就是从一点点的希望做起,最后不断扩大希望的过程。新东方最初只有10平方米漏风的违章建筑办公室,但是现在新东方有几万平方米的教室和办公楼。它的发展过程是充满艰难和绝望的。

我举一些简单的例子大家就明白了。在1993年冬天新东方成立的时候,我自己拎着糨糊桶,在零下十几度的天气里去贴广告,把糨糊刷在柱子上,广告还没有粘上去,糨糊就变成冰了。

当新东方在1994年有了一点儿发展的时候,就跟别的培训单位产生了竞争,一有竞争,就产生了麻烦。新东方的广告员拿广告去贴的时候,别的培训部的人员就拿着刀子在等着你,说你敢贴我就敢捅了你,新东方的广告员有被人捅过的,进医院缝了十几针。

我当时花了很多时间,找公安管理部门协商,最后终于跟他们成了朋友。这个协商、磋商的过程就是学习的过程、深入中国社会的过程、理解中国社会的过程,进而知道怎样面对中国社会的过程。

——摘自《挺立在孤独、失败与屈辱的废墟上》

第二篇 关键时刻之丛林生存的商业哲学
东方的精神，西方的规矩

背景分析

新东方流传着一个关于俞敏洪的笑话：俞敏洪最爱的是什么？答案是电线杆。

连俞敏洪自己都承认他有一种电线杆情结。有一次，因为市政建设需要，政府来人要拆新东方外面的两根电线杆，俞敏洪急了，死活不让拆，最后花了7万元才保下那两根电线杆。

作为新东方的CEO，最爱的居然是电线杆，这确实令人费解。然而，这并非没有缘由。

在新东方创立之初，没有谁知道有这么一个培训学校，要提高知名度，要招到生源，只有一个方法——打广告。可是，在20世纪90年代初的中国，打广告的方式不多，互联网的利用也没有今天这样广泛，"纸贴广告"是当时最为通用的一种广告形式。"纸贴广告"既经济又实惠，非常适合俞敏洪这种缺乏创业资金的人。所以，俞敏洪采用的是最原始的张贴小广告的宣传方法。

俞敏洪至今忘不了在中关村刷电线杆贴广告的情景。在北京寒风怒号的冬夜，俞敏洪刚把糨糊调好，刷在柱子上，可还没等广告贴上去，柱子上的糨糊就冻成冰了。没贴几张，刷子上残留的糨糊又把刷子冻住了，俞敏洪拿着刷子使劲在柱子上拍打，就"啪啪啪"地掉下一堆碎渣子。

即使穿着军大衣，俞敏洪还是冻得受不了，只好掏出揣在怀里的二锅头喝上一口，然后继续贴广告。刷完一根电线杆子，俞敏洪马上蹬上自行车，奔向另一所大学的"三角地"，奔向另一个广告牌，奔向另一根电线杆。直到桶里的玉米糊变冷变硬，他才不得不提着糨糊桶回办公室，重新熬玉米糊。

除去贴广告的辛苦，俞敏洪还害怕一件事，那就是遇见居委会大妈。在电线杆上张贴小广告是被禁止的，因为这样做影响市容市貌。一旦被居委会大妈抓住，就得一张一张地撕掉。俞敏洪自嘲地说："我带着新东方的老师去抠过，那些大妈看我这小伙子挺实在，还帮我一起抠广告，后来还帮我把这些广告贴在了广告栏内。"

对于新东方今天的荣耀，众人只会羡慕不已，却不知道成功背后的艰辛和血泪。新东方最早的合伙人徐小平说："新东方是靠老俞在电线杆上，一张一张贴广告贴出来的。"

拓展透析

　　创业是一条艰辛的道路，创业的过程中必须具有坚定的信念、忍耐的精神和必胜的信心。很多时候，往往是那些在创业的艰难中坚持到最后的人，才能获得胜利。因为胜利通常就在那最黑暗的时刻降临，回报也恰恰容易在你快绝望时给予，彩虹总会在风雨之后出现。

　　华为创业于1988年，当时任正非手上只有两万多元资金，员工也只有十几个，华为在步履维艰中向前挺进。1991年9月，华为员工增加到50多名，任正非租下深圳宝安县蚝业村工业大厦三楼，继续着华为充满艰险的创业之路。

　　一层楼分隔为单板、电源、总测、准备4个工段，库房、厨房也设在同一层楼。十几张床挨着墙边一溜排开，床不够，就用泡沫板上加床垫代替。在工段上班，开发人员累了就趴在桌上，或在地上找张泡沫板、纸板、席地而卧，睡一下，醒来接着干，包括公司领导也是这样。

　　整层楼没有空调，只有吊扇，在高温下作业，经常是汗流满面。每天加班到很晚，熄灯就睡。四周老化测试的机架，设备上一闪一闪的信号灯，高频电流的振荡声，伴随着枕戈待旦的华为人进入梦乡。

　　有时睡到半夜，突然来车到货，不论是很重的蓄电池还是机柜，华为人都立即起来，卸完再睡。大多数人以公司为家，领料、焊接、组装、调试、质检、包装、吃饭、上厕所、睡觉都在这一层楼上。

　　没有包装工段，也没有搬运及包装临时工，设备测好后，临时叫上在场的几个人，不分工人、工段长还是经理，也不分大专、本科还是硕士、博士，大家一起包纸箱，装入木箱再钉上边角铁，然后四五个人一起抬起机柜箱装车发货。

当时华为的员工都开玩笑自称为"乡民"，经理就叫"乡长"。市场部招的新员工，一般都要先到总测工段实习，即先当"乡民"，经过培训后才派出去。美国有著名的"西点军校"，华为人则自豪地称这是进华为的"西乡军校"。

正是因为有这样一群人的艰苦奋斗和持续作战，华为才有了今天15万员工的浩荡大军，并在电信行业不断努力争先，终于成为世界一流的国际大公司。

创业艰难百战多。一家优秀企业的形成，一份长久事业的形成，甚至一个优秀产品的形成，往往都不是三五年所能做到的，它更可能需要创业者以及创业团队毕生的心血。在创业的道路上，不怕吃苦、不畏艰难、意志坚强等，都是创业者应该具备的第一精神。

第二节　免费也是一种重要的"武器"

我想如果收费他们不来的话，我免费难道他们还不来了？

新东方一开始是我一个人，每天上午自己贴广告，下午招生晚上上课，碰到的问题是学生不来，或者学生来了不把钱放在这，这里面就出现很多麻烦，最后我想无论如何也得吸引学生过来，我后来发现贴广告不行，我贴一张别人可以贴10张。

我觉得这样不行，就开始了第一次商业营销策略。我想如果收费他们不来的话，我免费难道他们还不来了？所以，最后我创办了两个免费项目：

第一个是免费讲座，当时我用计算机处理文字和印刷的钱都没有，都是自己用钢笔写的招生简章。

这个效果非常成功，因为大家想免费讲座还不听吗？没想到我租一个50人教室，结果来了500人。这个成功之后，我连续做很多免费讲座，大家就知道有这么一个学校存在了。

第二个免费项目是学生可以免费试听16节课，听完之后满意了再交学费。

——俞敏洪2003年在中国人民大学的演讲

背景分析

新东方创业时，英语培训市场已经是一片红海，怎么让更多的学生知道新东方、选择新东方是摆在俞敏洪面前最重要的问题。为了推广品牌、吸引更多的学生，俞敏洪想出了两个方法：一是免费演讲，向学生讲述人生哲理，进行成功学式的励志教育；二是价格战，当时培训课基本收费都在300～400元，而新东方只收160元，而且还是在16次免费授课之后，学生听了满意就交费继续学习，听后感觉不好可以立即退学。

这样，很多学生会想：反正是免费的，听听又何妨？俞敏洪的演讲深深地打动了学生们，再加上大幅度免费的号召力，学生们蜂拥而至。

其中，最让俞敏洪记忆深刻的一次免费讲座是在北京图书馆的礼堂里举行的。当时，北京图书馆的大礼堂可以容纳1500人，原本以为不会来太多学生的俞敏洪，发现礼堂竟被挤得满满当当的。

演讲时间到了，俞敏洪正准备开始演讲，却听到礼堂外传来一阵阵呼唤"俞老师"的声音。这是那些晚来没有占到座位的学生发出的。俞敏洪出去一看，吓了一跳，原来还有1000多人在礼堂外。因为急切，再加上寒冷，进不去的学生们显得很激动。

俞敏洪后来回忆当时的情景说："那么冷的天我穿着大衣都觉得冷，我想最多也就来几百人差不多了，没想到一下子来了4000人。4000人进去了1500人，图书馆就把门关上了。进不去的学生就很愤怒，在外面又推门又砸玻璃，结果把紫竹院的几十个警察全部给招过来了。警察过来站成一排，学生根本就不买账，把警察推开继续推门。"当时的场面几乎失控。

俞敏洪想出去和学生们说几句话，平息他们的怒气，警察们劝他别出来，担心出事情。俞敏洪没有听从这一善意的劝告，而是把礼堂里的讲座交给同伴，他自己则走出大门，站到一个高处（后来发现是一个垃圾桶），挥着手大声说："大家不要闹了，我就是俞敏洪。"

所有的学生一下子安静下来，俞敏洪就在寒风中开始给学生们演讲。当时俞敏洪的大衣放在报告厅里，出来时只穿了一件衬衫，可他一点都感觉不到冷，因为有那么多学生站在寒风中，有那么多双热切的眼睛盯着他，俞敏洪强烈地感受到自己被学生需要着，自己的存在是有价值的。

俞敏洪在寒风中充满激情地演讲了一个半小时。原本因为等得太久而情绪激动，甚至愤怒的学生们被俞敏洪打动，渐渐平静，又因为演讲的精彩内容变得高兴起来，还有学生把自己身上的大衣脱下来劝俞敏洪穿上。对那次讲座，俞敏洪一直记忆犹新，他说："我站在一个垃圾桶上，作了我一生都无法忘记的一次免费英语大讲座。"

创业初期的俞敏洪正是以他的免费策略为"武器"，引起了学生们的注意，更赢得了信赖。可以说，免费这一绝招，也是新东方后来不断发展壮大的关键所在。

拓展透析

在企业还没有品牌知名度、没有雄厚的资金用于宣传的情况下，想要引起消费者的注意、占领市场，"免费"营销的策略不失为最佳的选择。奇虎360就是通过提供高品质的免费服务，为电脑用户熟知的。

2005年奇虎360起步时，只能算是电脑杀毒行业的一名新兵，很多人都不知道，更谈不上使用。但是，在CEO周鸿祎的领导下，360安全卫士产品却以"狠狠的"免费招式掀起了安全领域的风暴。

作为中国PC客户端的鼻祖，周鸿祎始终恪守"用户需要什么就要什么"的理念，尊重用户体验的价值。所以，360杀毒软件走入市场时，并没有立刻追求付费的模式，而是采用免费的方式，给用户以选择权。

然而，几乎所有的免费软件都面临着一个问题：如何赢利？如何在没有任何收入来源的情况下继续运营？顺应互联网免费大潮的360公司也在探索自己的赢利模式。

事实上，360安全卫士推行的赢利模式很简单：普遍性服务免费，增值服务收费。周鸿祎和他的团队认为，免费的软件能够吸引足够大的用户群，而只有足够多的用户，才能为未来的赢利创造良好的基础。在用户数量庞大的情况下，即使只有1%的360用户，每个月哪怕花费几块钱，付费也是庞大的市场。这也是周鸿祎看好免费互联网软件的原因之一。

凭借免费软件，360获得了尽可能多的用户，并通过不断优化完善的软件功能和丰富多样的产品种类来满足不同客户的需求。对于只有少数人需要的个性化服务，360则提供增值服务从而赢利。

3G时代到来，手机平台也越来越开放，各色各样的手机病毒不断浮出水面，手机信息安全也成为消费者最为关注的问题之一。360公司加速在手机安全领域布局，为其在安全领域的下一步扩张做好铺垫。

同时，360公司也在积极部署未来的"云安全"战略，360的数据中心部署了5000多台服务器，通过专业的搜索技术，基于海量用户，三者共同建立起云安全体系，从而为消费者提供更加有效的服务。

拥有了庞大的消费群体，自然就拥有了获取利润的方法。而免费的产品正是周鸿祎的"立企之本"，他希望通过"免费"模式，像腾讯QQ一样抢占用户桌面，从而获得长久的发展动力。

事实证明，周鸿祎的"免费"策略的确不同凡响，360安全卫士不仅以极快的速度赶超同行，获得了较高的市场认可度，而且以其良好的口碑，在用户的电脑桌面上牢牢地占据着属于它的一席之地。

第三节　让利，是我制胜的法宝

对学生的让利，使新东方获得了口碑；对员工的让利，让新东方守住了人才；对管理者的让利，实际上是形成新东方强大团队的根本原因。

让利，成了我的制胜法宝。在开办初期，让利于学生，让利于教师；在成长期，让利于管理者，让利于社会。就是连傻子都觉得有些傻的招儿，在我的成功中发挥了关键的作用，我收获了我的"糖纸"——管理费和含金量大大提高的新东方品牌。

新东方刚刚开始办班的时候，学生很少，但我给老师的工资远远超出了周边培训机构的工资。老师们就觉得很奇怪，怎么会给他们开那么高的工资？老师们的工资加起来是学生所缴纳学费的一倍，所以他们意识到我好像亏本了。

但是我告诉他们，亏本算在我身上，等以后赚钱了我再拿，但是我不能亏待你们。就因为这样，老师们跟我一起拼命地教书，后来新东方越做越大，最后变成了一个大的学校。当然，我赚了。这个时候，老师的工资也随之增长。

后来等到新东方重新分配股份的时候，我一次性把股份无价让出去了65%，其中的55%给了老师和管理者，剩下10%给了员工，自己只留了35%。那个时候，新东方的固定资产已经到了两个多亿，我老婆为了这件事和我吵了很长时间。

在过去十几年做新东方的过程中间，我几乎没往家拿钱，所有新东方的产出，我都投入到新东方的建设中。虽然我把自己十几年的积累都分给了老师，变得身无分文了，但我还是从逐渐做大的新东方中得到了属于自己的利益。

事实证明了我做法的正确性：新东方从只有两个亿的净资产，到现在200

多亿人民币的市场价值。我们进行股份化改造，通过资本融资，最后到美国纽约证券交易所上市，一上市就业绩不俗，一股22美元，后来最高股价到过90多美元，现在固定在70美元左右。我成了新东方做大后的最大受益者。

对学生的让利，使"新东方"获得了口碑；对员工的让利，让新东方守住了人才；对管理者的让利，实际上是形成新东方强大团队的根本原因。

——俞敏洪2008年在武汉"名家论坛"上的讲话

背景分析

俞敏洪从来不讳言自己出奇制胜的法宝：让利于学生，让利于教师，让利于管理者，让利于社会。但是，正是这个表面上看起来有些傻的招数，在俞敏洪事业的成功中，发挥了至关重要的作用。

在新东方创业之初，出国考试培训市场已经有了30多家企业，俞敏洪要想在激烈的竞争中站稳脚跟，就必须先让学生感觉到新东方"价廉质优"。于是，俞敏洪做了三件事，让新东方迅速崛起：

第一，向学生让利。当时的市场收费在300～400元，许多培训班在学费之外往往会以最新资料等名义另外收取费用。而新东方不仅学费只收160元，而且为了让学生感到新东方不仅价格是最低的，学习质量也是最好的，俞敏洪是让学生免费试听16次课之后再交费，新东方的所有学习资料对学生一律免费发放。

除此之外，新东方的学生还经常能收到意想不到的惊喜，比如赠送学生需要的最新的学习内容，赠送新东方的笔记本等。这些充满爱心的"小礼物"，不仅培养了学生与新东方之间的感情，也为新东方带来良好的口碑，以至于新东方虽然没有刻意宣传，但是学员们口口相传，使新东方的生源越来越多。

第二，向老师让利。俞敏洪认为，老师是新东方最宝贵的财富。要想留住优秀的老师，最基本的因素就是经济，经济是建立一切上层建筑的基础。对于个人来说，个人收入的高低直接决定了他会不会留下来。因此，新东方老师的工资一定比周边的培训机构，甚至大学里的老师都要高。

新东方教育科技集团原校长胡敏，在2002年接受《21世纪人才报》记者采访时这样说："短短几年，新东方造就了许多百万身家的老师。这些老师贷款买房、买车毫不手软，因为他们预期自己的收入绝对有能力承担得起。"

新东方人力资源总监则说："新东方老师工作几年就可以赚到在很多学校一辈子才能赚到的钱。"关于这一点，已经离开新东方的著名英语教师罗永浩，曾经在他自己的博客里透露：他一年的代课费税后收入是40多万——实际上，这些都还是新东方上市以前的情况。

第三，向管理者让利。俞敏洪认为，对管理者让利，实际上是为了形成新东方强大的团队。俞敏洪很为自己的团队骄傲，他觉得新东方这个团队在全中国也是数一数二的。尽管也会因为公司发展和战略选择方面产生矛盾，但是绝不会有因为利益导致散伙或集体辞职之类的事情发生。

据了解，俞敏洪拥有公司31.18%的股权，其他骨干如徐小平持有10%，包凡一持有4%，钱永强持有2.5%，他们的财富在新东方上市后都超过亿万。除了以上几位，新东方还有400多人持有公司股票。俞敏洪不仅让自己成为"中国最富有的老师"，也让他的创业伙伴和同事成为中国令人羡慕和尊重的富有老师。

新东方这些宝贵的经验，今天仍然在贯彻实施。目前，虽然新东方是最好的教育培训品牌，而且在出国考试培训市场上占据着绝对的垄断地位，完全有能力操纵价格，获取更大的利润，但是，新东方仍然以实惠的价格服务于学员、以优厚的待遇吸纳优秀的老师、以高工资凝聚管理团队，不断地探索着新的教育理念，践行着最好的教育方式。

拓展透析

俞敏洪的"让利"法宝，与他小时候奉行的"分糖理论"是分不开的。俞敏洪小时候比较瘦弱，总受小朋友的欺负。那怎么办呢？他就想了两个办法：第一个，使自己强大起来。但是他当时的身体状况很糟糕，即使天天锻炼身体也不可能拥有强健的体魄。第二个，用感情取胜。通过感情的交流达到目的，但是这样并不能争取到每一个人的感情，所以，还得学会和别人分享自己拥有的东西。

那个时候，农村人家里一般都很穷，没有什么东西吃。每到过年的时候，上海的两个亲戚就会给俞敏洪捎来两斤水果糖，可他一般都不会自己吃，这当然需要很大的毅力。支撑俞敏洪不吃的重要原因是要省下这些糖分给小朋友们吃，笼络小朋友的感情来保护自己。

而且，俞敏洪不会一次把糖分完，整个过程俞敏洪只做了一件事情，就是把他们吃剩下的糖纸收起来。这样，小朋友们就对他产生了强烈的好感，不久以后俞敏洪就变成了村里的孩子王，再没有一个小孩敢欺负他。

后来，俞敏洪采取同样的方法，把隔壁村的小孩也"降服"了。难道俞敏洪不想吃水果糖吗？当然不是，他是用了一个利他的方式，用不自私的表面行为完成了自私的自我保护。这件事让俞敏洪意外地发现：这样做不仅能保护自己，还能实现其他方面的利益，比如说俞敏洪突然变成一个小群体的头目，不用再自己割草了。这些附加值远远超出俞敏洪不再被欺负的心理预期。

俞敏洪觉得，这个故事是告诉人们，只注重眼前的蝇头小利，会让人失去更多。他认为，在工作和生活中，真正通过利他主义的方式实现自己利益的人并不多。大多数人都是通过利己主义的方式，完成自己利益的积累。但是，损人利己的行为，一般来说都不可能长久，观察一下周围的人就能明白没有人愿意和"一切以自我为中心"的人打交道。

俞敏洪这些早期的经历和想法，后来形成了他的"让利"法宝。创办新东方之后，尤其是在历经困难的成长期，俞敏洪将小时候当孩子王的绝招"分糖理论"，以及他的"分享原则"用到自己的经营和管理之中。俞敏洪发现，运用利他主义的心态，把眼光放远一点，最后得到的东西、做成的事情，往往会大大超过自己的预期。

绝大多数成功的企业创始人都有利他的优秀品质。拥有利他品质的人，往往更容易获得他人的信任与支持，更能平衡彼此的利益关系，协调情感。虽然，这种方式常常被看成收买人心，但是总的来说，这样做有利于维持企业内外部的和谐稳定，促进企业的发展。比如沃尔玛、宜家超市，无不以廉价强调向顾客让利，将"为顾客省钱"作为一贯坚持的商业营销理念，它们本着让利的原则，最后都赚得盆满钵满。

"分糖理论"，是俞敏洪本人商业成功的重要经验，从利他主义的角度上说，俞敏洪的"分糖理论"和上述做法并没有特别大的差别。怎么分糖，分多少，并不是最重要的，关键是一个能够主动从利他主义的角度思考问题的人，最能够看清利益本身。常言道，退一步海阔天空，其实让利三分，获益十倍，也形同此理。这是对于所有管理者都适用的一条制胜之道。

第四章
瞄准市场：价值在先，财富在后

第一节　要有非常敏锐的市场意识

让我们在充满危机意识的时代，更加敏锐一点，因为在我们睡觉时，可能新的机会就被别人抢走了。

我刚才说慢慢做并不意味着我们可以很迟钝，而是需要我们面对市场有非常敏锐的意识。新东方在这一点上做得不太够，我们常常是跟随市场，最后想办法去占领市场，我们从来没有去发掘市场，去开发市场。当市场没有出现的时候，我们没有意识到某个市场会有多么大，我们丢掉了很多市场。所以，我们必须向先进的机构学习。

比尔·盖茨当初创办了微软，绝对引领了世界的潮流。但是今天大家可以看到大量的媒体，包括微软自己内部的高级人士都在批判他们的落后。他们有太多的东西本来应该占领，但是没有占领，因为他们成了老大，他们最有钱，但他们忘了还有很多没有钱，但是有思想、有敏锐的市场意识和创新意识的人，这些人走到他们前面去了。

另外一家机构，我们现在几乎每个人都在用这个机构创造出的设备，这就是苹果公司。乔布斯是一个了不起的人，创造了苹果电脑，但由于管理上不成熟，被苹果赶了出去。但是，他一刻也没有停止创新和进步，他充满了创新意识和灵敏的市场嗅觉。他创造了著名的动画公司Pixer，后来他回到苹果，开发的产品没有一个不被世界欢迎，从iPod到iPhone，再到今天的

iPad。他带着患有癌症的身体在创新，一个不健壮的身体，但是有着无比健康的灵魂和思想。

所以，让我们在充满危机意识的时代，更加敏锐一点，因为在我们睡觉时，可能新的机会就被别人抢走了。因此，让我们在睡觉的时候也更加敏锐一点，使新东方不至于落在别人后面。

——俞敏洪2010年在新东方年度表彰大会上的讲话

背景分析

从20世纪90年代的出国热，到后来人们在职称、晋升、学习中对英语的多样化需求，以及中国加入WTO等国际国内形势的变化，为英语培训提供了前所未有的大好环境。据统计，2007年我国有5万多家外语培训机构，它们演化出繁花似锦般的教学手段，让传统英语教育产生分工，产品链逐渐建立，成为知识经济时代新的主导产业。

具有敏锐市场意识的俞敏洪顺势而为，创办了新东方，开始进入潜力巨大的英语培训市场，这个市场当时总值约60亿人民币，潜在市场总值为100亿人民币以上。到2005年，总值已经达到200亿人民币左右。按照俞敏洪的说法，新东方的目标是占据该市场的20%，也就是新东方每年靠英语培训所得的收入为40亿人民币。

新东方从小到大，由弱到强，离不开俞敏洪根据市场需求所制定的经营思路。可以说，新东方一路的发展历程，就是不断地适应、遵从市场规律，从而创造和维系市场价值的过程。

新东方刚创立的时候，整个出国考试培训市场鱼龙混杂，教学水平良莠不齐，而且由于出国考试是短期培训，创办者大多目光短浅、急功近利，并没有利用好市场，也没有为学生提供他们真正需要的服务。

俞敏洪认为，教育、培训都是可以消费的，从"产品竞争时代"向"消费者竞争时代"的转化，已经成为市场不争的事实。而学生是新东方的消费者，想要满足学生的需求，就要拥有对学生心理的深刻洞察。

从起步到卓越，如何实现？俞敏洪认为，在消费者竞争时代，必须按照消费者市场的节奏，而不是竞争对手的节奏来开发产品、推广产品。新东方作为教育培训机构，抓住了学生的需求，就等于抓住了未来的市场。这就要求新东方必须为学生创造好的产品，并持续为这一产品赋予价值、提升价值。

于是，俞敏洪根据学生需求，运用"比别人多做一点，比别人做好一点"的朴素创新思维，慢慢将新东方向前推进。别人收费360元，他就收180元，而且他的老师与学生在课堂上互动性非常好，课堂总是充满欢声笑语。几年过去了，许多竞争者销声匿迹、退隐江湖，唯独俞敏洪和他的新东方依旧挺立潮头。

此后，新东方逐步完善对英语培训市场的细化，它在几乎每一块市场都占有一定份额，在每一个领域都有专业人士负责。到2001年，新东方已建立了比较完备的出国考试培训、基础外语培训、出国留学服务教学体系和其他相关产业体系，市场拓展到中国20多个主要中心城市，奠定了新东方在中国外语培训市场的地位。

根据不断变化的市场需求，到2006年，新东方在全国已经拥有34所分校，而且它已经进入职业教育领域、出版和杂志行业，同时还进入远程教育行业。跟联想合作的远程教育成为全国最大的英语教学网站，软件开发公司已经开发出30多个软件，销售额超过2亿元。

拓展透析

对于企业而言，所有的营销战略都是建立在STP——细分、目标和定位的基础之上。一家公司以敏锐的市场意识在市场中发现不同的需要和群体后，应将那些可用更好方式满足的需要和群体定为目标，然后，就要对自己的产品进行定位，以使目标市场能够识别出公司独特的产品和形象。本田公司产品在美国的推广就可以很好地说明这一过程。

当本田公司的轻便摩托车进入美国市场时，最初的销售并不理想，第一年只卖出167辆。摩托车专家们嘲笑这些小型的日本产品是玩具,但这些嘲笑和怀疑很快就销声匿迹了。

当时各主要摩托车制造商在美国的市场占有率是这样的:本田45.6%,雅马哈18.9%,铃木10.7%,川崎14.4%,哈利·戴维森5.7%。那么,本田公司是怎样在这片对摩托车充满厌恶情绪的土地上打开并占有市场的呢?答案就在于本田摩托车在美国市场上的准确定位。

本田公司将其摩托车的主要目标对象定位为年轻人。本田公司和Grey公司认为,随着二战后出生的大批婴儿长大成人,能够体现他们个性的产品将受到欢迎。本田的新型轻骑就是这样一种产品。当有人猜想许多父母也许会反对子女购买摩托车时,本田公司认为,广告可以使他们改变观念。

购买摩托车的主要消费者是16~26岁的年轻人,在这些人中,既有大学生、年轻的专业人员,也有一些刚刚成为白领阶层的人。本田通过广告成功地向人们灌输了这样一种观点:乘坐摩托车的人是时髦而成熟的。

在市场定位的成功指导下,本田用一种小型轻便(50CC)的摩托车打入美国市场。这种车售价不到300美元,而其他大多数摩托车都会卖到1500美元左右,甚至更高。而且针对年轻人的特殊偏好,本田摩托车有6种活泼的颜色和3种不同的型号可供顾客选择,而其他公司的摩托车一般只有两三种型号和颜色可供选择。此外,小型本田车时速能达到55英里,用40美分的常规油就可行驶180英里。其产品质量更是无可挑剔的。

当本田摩托车刚开始占领美国市场时,它就着手扩充了产品种类,力争为每一位潜在顾客制作出最适合的款式。那时本田公司已拥有14种型号的摩托车,从小型的50CC型到高速的305CC型,一应俱全。而且,针对哈利·戴维森公司,本田公司又推出一种450CC的大型摩托车。本田公司通过敏锐的市场意识,靠着精准的市场定位,成功地打开了摩托车在美国的销路。

由此可见,成功的企业经营,必然有着成功的市场嗅觉及市场定位。企业为每个细分市场精准把握和定位,首先需要决定的是采用何种市场定位战略，一般来说有三种：品质属性定位、竞争对手定位及产品种类定位。

一是品质属性定位。品质属性定位是企业定位运用最为广泛的一种定位战略，即依据与一种产品的特性或消费者的某种利益追求相互联系的品质属性来定位。

以各种汽车的市场定位为例，现代汽车强调低价位；沃尔沃通过在广告中演示它的碰撞试验来强调安全耐用性能；相比之下，菲亚特则努力做到将自己的车定位成欧洲的轿车，使用欧洲的技术工艺；宝马侧重于驾驶和工程技术效率，并在赛车场上显示宝马的驾驶性能。

二是竞争对手定位。竞争对手定位的主要目的就是让消费者相信，在重要的品质属性上，其品牌是市场中的上乘品牌（或是一种广泛接受的好品牌）。

竞争对手定位的经典范例是Avis租车公司的"我们是天下第二，因此我们更要努力"的广告运动。其定位战略就是把Avis放在和Hertz租车公司一样主要的租赁代理地位上，并且成功地远离了National汽车租赁公司，尽管National当时和Avis规模一样庞大。Avis租车公司的竞争对手定位战略是相当成功的。

三是产品种类定位。产品种类定位，是企业依照产品种类的不同进行市场定位。例如，一些人造黄油针对白脱奶油定位，另一些则针对食用油定位。又比如，佳美香皂的定位和浴液归为一类，而不是和肥皂归为一类。

总之，对市场的把握和定位是企业面临的最大挑战，定位准确则意味着企业已向成功迈出了第一步。因此，很多企业经营者的失败，其根源不在于技术或产品上，而是在对于市场的认知上。准确的市场定位，能够使企业知道自己的利润在哪儿；而定位不清晰，就如同向乞丐叫卖珠宝，产品再好，也难逃失败的结局。

第二节　红海也能变成独特的蓝海

在红海里面坚持做下去，有时候会把自己的红海，变成独特的蓝海。

杨旭涛：创业的人很幸福，同样也很可怜，当一个人走在创业的路上，突然有一天发现他创业的项目已经是一片红海了，俞老师觉得这时候他到底是继续往前走，还是放弃手中的项目进入另外一个蓝海呢？

俞敏洪：这个问题两说，我建议想清楚了一件事情以后再去做，只要想清楚了你就要不断往前，只要资源允许，时间、能力没问题，你都要坚持去做。因为任何一个蓝海都会变为红海，在红海中打拼出来也很有前途。

发现蓝海当然很好，发现没人做了我先做那挺好的，这样可以省很多力气。但是，实际上如果你在红海能够不断往前，也是一种选择，因为任何大的事业发展，特别是好的商业机会，只有在红海中取胜的事业或者企业，才能够真正长远地发展。

比如新东方做的培训教育，开始就已经是一片红海了；像马云做的电子商务，刚开始做的时候好像是蓝海，现在也是一片红海了；百度的中文搜索带有蓝海色彩，现在也是红海了。所以，在红海里面坚持做下去，有时候会把自己的红海，变成独特的蓝海。

当然，如果有蓝海被你独到的目光所发现，并且在你做成功之前别人还不太容易进入的时候，你去进行蓝海的运作，努力把它做成功，这是更有独创性的事业。

我觉得就和战争一样，总是要看到当时当地的情况才能下决定，绝对没有一个规则套在这里大家以后就不用去思考。在变中求不变，不变中求变，才是做企业的禅道。

——俞敏洪2011年参与林夕阁互联网知名人物访谈

背景分析

2011年7月中旬，新东方教育集团董事长俞敏洪，第一次使用网络聊天工具歪歪语言，接受了互联网知名人物品牌社区林夕阁的交互式访谈。在长达一小时的时间内，约有2000名互联网创业者实时在线，参与和观看了这一访谈。

在这次公开访谈中，俞敏洪畅谈创业，分享自己的亲身经历和经验。关于"如何评价和选择创业项目和前景，到底是坚守红海，还是走向蓝海"这一问题，俞敏洪做了详细的回答。

俞敏洪认为，任何一个创业者，在创业阶段都会面临这样一个艰难的抉择：到底是在成熟的、竞争性强的市场里稳扎稳打，闯出自己的一片天地，还是走别人还没走过的路，在充满不确定性的新市场中，抢占先机？

当然，一般情况下，创业者由于资源有限，在成熟的市场，有可能面临垄断和信息不足、行业壁垒等障碍，大多数情况下，蓝海更受创业者欢迎。问题是，每个人的创业本身又都是不同的。

在俞敏洪看来，这一问题应该用发展的眼光看。即便最开始选择的是蓝海，没有人做，可以省很多力气，但从长期看，所有的蓝海都将不可避免地走向红海。在这个前提下，红海或是蓝海，本身并不重要，重要的是个人的资源禀赋和所处的形势，这当中并没有必然的规则。相反，选择在红海中奋斗，依靠细分市场耕耘和持久经营，也能够在红海中胜出，甚至将一片红海变成蓝海。

新东方的创业就是第二种情况。因为在当时的培训教育市场中，新东方既不是创办最早的，也不是最有资本实力的。出国热带动起来的教育培训热潮一开始就如惨烈的江湖，各式培训机构各显其能，拉学生、争地盘，竞争非常激烈。

而且，早在1991年俞敏洪离开北大创办自己的培训班时，嗅觉敏锐如山木教育这样的外资企业就已开始布局深圳，面向中国市场。类似俞敏洪这样的单打独斗,或者几个教师合伙的培训,仅仅在高校林立的海淀区就有数十家以上。但在最后,俞敏洪是这片红海中最大的胜利者。

随着新东方集团的成功,实力雄厚的国际教育资本及风险投资家也开始将目光聚焦到中国教育市场。外语培训市场总体已处于竞争红海,华尔街英语、英孚教育都对新东方精英英语构成竞争威胁。英孚教育采用特许经营模式,在全国拥有数量最多的学习中心;2009年4月凯雷集团以1.45亿美元,将华尔街英语出售给英国培生集团,在中国国内拥有52所学习中心,且全部中心均为公司直营。

仅2010年8月到11月,先后就有安博教育、环球天下、学而思、学大在纳斯达克上市。其中,安博、学而思、学大在上市初期市值均近10亿美元,教育培训的财富故事再度上演。几乎所有教育培训的细分市场上,都有成百上千家培训机构激烈竞争。可以说,现在的教育培训市场不仅仍然处于红海,而且竞争更为激烈。

俞敏洪此时面临一个数字难题,新东方市场稳定,降价并不会带来更大的收入,相反还可能引发对手的报复,只有通过新增教学点来增加利润。但是,教学点的增加自动增加股东成本,新东方的利润增速可能放缓,与之伴随的加大并购步伐又有可能导致因为管理能力的问题出现教学质量下滑的潜在情况。

不过,就教育培训这个特殊的市场来说,新东方一直是鹤立鸡群。截至2012年年底,在美国上市的11家中国教育集团中,新东方的市场份额和利润等于排名第二、三、四家的总和。俞敏洪之所以坚持在这片红海中,从根本上说,是因为他有着敏锐的市场眼光和行业经验。

其实,教育培训事业,正如俞敏洪看到的,一直是一个长期投资、品牌化、经验性强的行业。只有稳定的教学队伍、优秀的师资和培训服务,才能获得长期的口碑和顾客的信赖,才可能持续地增长。大多数失败的教育机构,恰恰是因为它们在细分市场上做得不尽如人意。

从业绩上来看,在美上市11家公司的2010年总营收为13.6亿美元,约为人民币88亿元,但同号称数千亿元的市场空间比起来,只是冰山一角。换言之，中国教育市场是个红海中存在着更多蓝海的市场。也正是分散化、增长空间大的局部市场让俞敏洪有信心不断地在红海中开辟出蓝海来。

拓展透析

"在红海中找到独特的蓝海"，并非痴人说梦，或者老调重弹。那些能够超越红海或者蓝海的简单二分法的企业管理者，才是最懂市场，目光最敏锐，最终胜出的"大佬"。

首先，任何一个项目或者行业，都有自身的成长规律。竞争者少，就会是蓝海，竞争者增加，就会变成红海。一个新市场突然出现，对于其中的少数先行者来说，的确是一片蓝海，竞争者稀少，增长空间巨大，前景好。随着时间的流逝，外部的竞争者不断加入，利润空间一点点被压缩、摊平。这样性质的市场到处是垄断竞争，接下来自然会变成红海，成为各方角逐的中心。

其次，"红海"和"蓝海"，就像这个名词最初的意义一样，只对竞争力和单一市场有效。稍微放大一点，原来的红海在另一个空间里就是蓝海。从根本上说，没有绝对的红海和蓝海，有的只是市场地位和产品差异化范围的区别。

例如，如今的电商看上去已经是成熟市场，可是就某一个市场，比如在非洲国家，这个市场明显还是一片无人涉足的蓝海。即便在拥有亚马逊的美国，像中国电商行业早已普及的"一日达"服务概念，却还是个稀缺产品。

人们通常认为俞敏洪的新东方教育集团的成功是不可理解的，是一种异数。其实，将整个教育培训市场分割开来，如外语培训、中小学教育培训等，每一个类别又可以分成高端市场和低端市场。显然在这个无限细分，差别极大的市场体系下，出现类似新东方的潜力机构的可能性也就不断增加。

第二篇 关键时刻之丛林生存的商业哲学
东方的精神，西方的规矩

学而思集团的创办者张邦鑫比俞敏洪创业时年轻10岁，所面临的市场竞争更加激烈。包括新东方在内的教育培训企业，一直都将自身业务定位于专业或者职业的特殊教育培训，很少面向中小学生群体。

相应的，零散出现的中小学教育培训班，实际上都是课外辅导和"补课"。通常在人们心目中，培训等于补差，但学生本身不喜欢被看成是差生，自然提不起兴趣；而变相拉长课程时间，将课堂上的内容延伸到课外，最多也只是学校教育的补充形式。

学而思的教育体系却完全不同，在这个团队的成员们看来，看似零散、谁都能办的中小学教育培训，其实有着自身的特点。张邦鑫偶然的勤工俭学助教案例，让他看到了这一市场的价值。2002年暑假时，他的第一个学生经他辅导"连续三次考100分"，结果是找他做助教的家长越来越多。看到教育市场广阔的发展前景，2003年他和同学合办学而思，第一期就招收了100多名学生。

为了孩子的未来，家长们不惜投入巨资，这无疑是一个巨大的市场。学而思定位于"培优教育"，招学习成绩中上等的学生，把他们培养成不光是成绩好，而且人品好、综合素质高的人才，意图改变家长们的"补差"观念。

对有天赋的孩子，学而思会重点培养，鼓励他们对生活中的一些现象加以研究并以论文形式得出结论，这种将兴趣和成绩有机结合的方式可以迅速提高成绩，立竿见影。公司的营业收入在3年间增长百倍，小学、初中的教育培训成绩已经跃居北京地区第一名。

学而思后来又将新东方的"兴趣、方法论"复制到中小学教育培训市场中，这个看似人人都能办、都能做的中小学教育培训，随着集团化的管理，变成一个独特的中小学教育体系。其严格的授课方式，优秀的师资力量，近乎苛刻的选拔方式，立竿见影的效果，闻名遐迩，已经成为业内的榜样。而新东方曾经看不上的中小学教育培训产品，就这样让学而思淘到了真金。

2008~2010年，学而思总营收与净利润均取得快速增长。截至2010

年6月30日，学而思上半年总营收5302万美元，毛利率保持平稳，维持在50%左右。2010年9月，学而思集团正式登陆纽约证券交易所，成为"第二个新东方集团"。

第三节 通过"四品"塑造企业品牌

我认为一个企业的品质、品行、品位、品格这四点是非常重要的。

李兰：我们在今年的调查中发现，中国企业在品牌建设方面的意识和水平相对其他方面还较弱。感觉新东方成立以来一直很重视，运作得也很出色。

俞敏洪：我把品牌分为"四品"，第一个叫品质，是一个质量的问题。比如新东方上课的质量决定了新东方的一切，这就是说质量本身要好。

第二个叫品位，也就是定位问题，比如大家在提到新东方的时候能想到什么。因此，后来我准备把新东方定位为两大系统领域。第一，凡是想起培训和培训中的任何分数的提高，就能想起新东方，但是现在还做不到；另外还有职业认证的培训，例如律师考试、公务员考试等。

第三个叫品行，一个人有品行就是这个人从形象行为上来说很正面。比如我常常跟新东方的人说，我到任何一家宾馆洗澡，都不会超过5分钟的，因为我认为干净的水对中国是非常珍贵的。所以，新东方的环保意识还是非常强烈的，这个实际上就是企业的品行问题，而企业的品行问题和创始人有绝对的相关性，如果我的品行特别差，那么，新东方的老师的品行就会变得特别差，接下来就是整个新东方的形象变得越来越差。

第四个叫品格。品格是不管别人怎么欺负我，我都不去欺负别人。对于企业来说，一个有品德的企业就是无论把什么东西交到它手里，它一定不会做出格的事。这两天我住过青岛的海景花园酒店，它在青岛的名声是很好

第二篇　关键时刻之丛林生存的商业哲学
东方的精神，西方的规矩

的，比如说我放了一颗感冒药在桌子上，打扫人员发现我感冒以后，晚上就把一碗热气腾腾的姜汤端来了。像这种服务，就是有品德的服务。

——摘自《中国企业家的战略选择》

背景分析

俞敏洪认为，一个企业的品质、品行、品位、品格这四点对企业而言至关重要，因为它关系到企业的感染力、影响力和生命力。"我们最重要的任务是，如何不断地提升新东方的品牌和美誉度，说到底，就是新东方的口碑。"俞敏洪这样说。

俞敏洪在创办新东方学校以前，曾为别的培训机构打过工。他敏锐地发现大量培训学校的品质和品行都不够好，不管是对学生的态度、管理，还是办学理念都存在明显的缺陷，更不用提品位和品格。这促使俞敏洪不由自主地思考这样一个问题：如果是自己管理一所培训学校，会怎样对待学生？俞敏洪认为，这不仅仅是如何成为合格教师的问题，还是如何吸引学生，以及让学生满意的问题。

这尽管是最初的朴素思考，但是，当俞敏洪真的创办自己的学校时，他已经懂得如何杜绝那些培训学校的问题，知道如何改进自己、服务客户、塑造品牌、成就事业。在新东方的品牌塑造过程中，俞敏洪始终认为，品牌和美誉非常重要，而且坚持品牌和美誉度，甚至比占领市场更加重要。

"我们怎么样才能继续提升我们的品牌和美誉度，哪怕以牺牲我们的市场占有率，以及牺牲新东方的收入和利润增长为代价，这就是我想要的东西。"俞敏洪说，"新东方股票掉到10块钱，对我来说不会心疼，尽管我的损失比在座任何一位的损失都大。但是如果掉到10块钱，是以我们不断地提升新东方的品牌和新东方的美誉度、提升口碑为前提，我根本就不用担心，因为这些提升以后，新东方的股票会从10块钱涨到100块钱。不是我们不要市场占有率，而是我们如何在确保我们美誉度的前提之下，来提升我们的市场占有率。"

正是对品牌如此的重视，才让新东方创立20年以来，一直拥有着很好的口碑，这也是新东方不断强大的一个重要因素。因此，关于新东方成功的原因，俞敏洪在2008年3月接受新浪网访谈时这样总结道：

第一，学校最重要的人物，也就是创始人也好，或者说管理者也好，必须首先有一种使命感，这种使命感绝对不是说我想融多少资、赚多少钱，怎么样到国外上市，而是说我的学生进来以后，我怎么样通过教学质量的提高给学生一个满意的结果。

第二，任何教育机构都是文化凝聚的产物，如果只是把几个机构合起来，今天去买这家，后天去买那家，最后会出现一个很糟糕的状况：好像是一个教育机构，但大家互相拧着，没有统一的文化和理念，这样也做不长。

第三，做教育眼光应该放得更加长远一点，要有耐心，教育没有10年看不出功底，没有10年人们不会承认你这个品牌。

这三点总结刚好对应了品质、品行和品位、品格这四个因素，不可谓不精辟和独到。由此，我们也不难看出，品质、品行、品位、品格正是俞敏洪打造新东方品牌的成功之道。

拓展透析

在当今市场，当产品、服务或技术都不能成为竞争壁垒的时候，企业的信誉和品牌就成了阻碍对手进入的重要门槛。同时，在物品极大丰富的今天，绝大多数商品都不是市场上的唯一，顾客拥有更多的选择余地，在这种情况下，企业的品牌就成了影响顾客购买行为的重要因素。

北京同仁堂是一个百年老店，是中国医药界的一块"金字招牌"。同仁堂创建于清康熙八年，自1723年开始供奉御药，历经8代皇帝。在300多年的风雨历程中，历代同仁堂人始终恪守"炮制虽繁必不敢省人工，品味虽贵必不敢减物力"的古训，树立"修合无人见，存心有天知"的自律意识，造就了制药过程中兢兢业业、精益求精的严细精神，其产品以"配方独特、选料上乘、工艺精湛、疗效显著"享誉海内外。

开业之初，同仁堂就十分重视药品质量，并且以严格的管理作为保证。1702年，创始人乐显扬的三子乐凤鸣在同仁堂药室的基础上开设了同仁堂药店，他不惜五易寒暑之功，苦钻医术，刻意精求丸散膏丹及各类型配方，分门汇集成书。

乐凤鸣在该书的序言中提出"遵肘后，辨地产，炮制虽繁，必不敢省人工；品味虽贵，必不敢减物力"，为同仁堂制作药品建立了严格的选方、用药、配比及工艺规范，代代相传，形成了同仁堂良好的商誉。

300多年来，同仁堂为了保证药品质量，坚持严把选料关。起初，北京同仁堂为了供奉御药，也为了取信于顾客，建立了严格选料用药的制作传统，保持了良好的药效和信誉。新中国成立后，同仁堂除严格按照国家明确规定的上乘质量用药标准外，对特殊药材还采用特殊办法以保证其上乘的品质。

例如，制作乌鸡白凤丸的纯种乌鸡由北京市药材公司在无污染的北京郊区专门饲养，饲料、饮水都严格把关，一旦发现乌鸡的羽毛、骨肉稍有变种即予以淘汰。这种精心喂养的纯种乌鸡质地纯正、气味醇鲜，其所含多种氨基酸的质量始终如一，保证了乌鸡白凤丸的质量标准。

中成药是同仁堂的主要产品，为保证质量，除处方独特、选料上乘之外，严格精湛的工艺规程是十分必要的。如果炮制不依工艺规程，不能体现减毒或增效作用，或者由于人为的多种不良因素影响质量，不但会影响药效，甚至可能危害患者的健康和生命安全。

同仁堂生产的中成药从购进原料到包装出厂有上百道工序，加工每种药物的每道工序都有严格的工艺要求，投料的数量必须精确，各种珍贵细料药物的投料误差控制在微克以下。例如犀角、天然牛黄、珍珠等要研为最细粉，除灭菌外，要符合规定的罗孔数，保证粉剂的细度，此外还要颜色均匀、无花线、无花斑、无杂质。

从最初的同仁堂药室、同仁堂药店到现在的北京同仁堂集团，经历了清王朝由强盛到衰弱、几次外敌入侵、军阀混战到新民主主义革命的历史沧桑，其所有制形式、企业性质、管理方式也都发生了根本性的变化，但同仁堂历经数代而不衰，在海内外信誉卓著，真可谓药业史上的一个奇迹。

在经营企业的过程中，企业管理者必须意识到，商道的根本是品牌塑造。虽然企业的品牌不是金钱，但它比金钱更重要。当消费者给予企业真诚的赞扬时，口口相传，企业便会有口皆碑，这就是品牌度。这种赞誉是无价的，是最可贵最可靠的市场资源。

第五章
资本博弈的喜悦与哀愁

第一节　新东方是被推着上市的

如果说新东方从最初的发展，到做大的过程中，还有我许多主动因素的话，上市从本质上来说是一直被推着走的。

当时新东方初创时，肯定想做大，做到了一定程度觉得对我个人生活也够了，平时有点时间去旅游、写写书不是挺好吗？但是在做大的过程中，别人又参与进来了。当你认为自己做得差不多的时候，周围的合作者又会说不够好，他们希望你继续做。但同时随着人员的增加，利益纠纷增加了，结果你就发现自己主动做的感觉，开始慢慢消失了。

比如说像新东方上市，开始的时候，就我个人而言是不想上市的。但当时面临着竞争的问题和内部利益分配的问题，全世界的资金都在找中国的投资项目，而很多基金已经开始找到教育领域。万一真有一家外语培训机构比新东方早上市了，那么，从竞争和资金上来说，新东方将会面临一个强大的对手。

如果说新东方从最初的发展，到做大的过程中，还有我许多主动因素的话，上市从本质上来说是一直被推着走的。外来竞争对手算一个推力，内在的推动更厉害，因为公司发展到一定程度后，大家都拿了新东方的股权，股权变现是每个人都关心的问题。能一下子拿到钱，而且从某种意义上来说，不需要承担太多后果，那当然是大家很希望的。

当然，新东方最终还是被推上市了，其中一部分原因是为了化解内部矛盾，否则新东方内部的人、循环在内部圈子里的人大家搅和，搅和到最后都觉得没有出头之日。一旦上市以后就有出路了嘛。所以，在内外因素的推动下，我还是决定上市。

——俞敏洪2008年接受《商业评论》采访时如是说

背景分析

2006年9月7日，新东方教育科技集团在美国纽交所上市，成为中国第一家在海外成功上市的民营教育企业，股票代码为"EDU"。"EDU"是教育的英文缩写，这也就意味着，今后再有教育类股票在纽交所上市，不论这家企业是来自美国的，还是来自世界其他国家，都没有资格享用"EDU"这个代码，因为它已经属于新东方。

新东方此次发行3000万股，募集资金规模在1.125亿美元左右，开盘后一度较发行价上涨46.7%，收于20美元，令持有公司31.18%股权的董事长俞敏洪的个人身价一下子超过18亿元人民币。新东方的上市不仅让俞敏洪成功跻身中国百名富豪之列，而且多了一个"头衔"——"中国最富有的教师"。

可以说，新东方的上市颠覆了人们过去"老师=清贫"的观念，它向世人道出这样一个事实：老师不应该是清贫的，也可以是亿万富翁。新东方上市之后，俞敏洪、徐小平、杜伟、钱永强等人都成了亿万富翁。

然而，在接受媒体采访时，对于"作为一个成功者，你人生最大的失败是什么"这个问题，俞敏洪竟是这样回答的："最失败的就是让新东方上市，其他都还好。这个失败从另一个意义上说也是成功，没有上市也没有这么多关注。"

俞敏洪之所以这样回答，是因为新东方是由于各种原因被推着上市的，上市并不是俞敏洪自己的初衷。"从我个人来说，我至今还认为不是我个人最佳的选择，但它可能是新东方和新东方人的最佳选择。"俞

第二篇 关键时刻之丛林生存的商业哲学
东方的精神，西方的规矩

敏洪如是说。

从俞敏洪自身来看，新东方上市不管会给自己带来多少财富，都是没有太多意义的。因为俞敏洪觉得钱够用就行了，既然车有了，房有了，孩子的学习费和老婆的生活费也都有了，要再多的钱反而会遭遇一种困境。比如，孩子认为家里很有钱，不用努力学习之类，俞敏洪认为这都是有可能发生的负面影响。

但是，上市带来的实力见证和巨大财富，对于新东方和新东方人来说，效用是完全不一样的。这样，在多种因素形成的合力之下，俞敏洪和新东方像是被一种巨大的力量推着一样，只能选择向上市的方向走。

关于新东方的"被推"上市，俞敏洪总结了三个方面的"推力"：

第一是新东方发展到一定程度后，大家都拿了新东方的股权，股权变现是每个人都关心的问题。所有人都希望它继续增长，而谁都知道上市以后，公司价值、个人财富将获得成倍增长，而且不需要承担太多后果，那当然是大家很希望的。

第二是上市前的2000年至2003年，新东方一度陷入剧烈的利益纠纷之中，在内部利益格局发展到一定程度后，"内循环"若不借助外力改造的话，就会阻碍公司的发展，内部矛盾也会越来越尖锐。尽管上市之后外部的规矩会给新东方带来新的压力，但是要解决困扰新东方多年的内部矛盾，上市是必然的选择。

第三，如果新东方不考虑上市，其他教育机构也会考虑上市。一旦竞争对手上市，新东方经营多年的品牌会受到强烈的冲击，而且还要承受更大的生存压力。相反，如果新东方选择上市，作为中国教育培训行业第一家上市的教育机构，新东方会吸引更多的注意，新东方的品牌也将一枝独秀。

因此，在俞敏洪一个人不情愿的"半推半就"之中，新东方还是"众望所归"地上市了。这让俞敏洪和新东方都拥有无比闪耀的光环，但是，在这些光环背后也隐藏着俞敏洪许多的"难言之痛"。

拓展透析

过去20年来，中国企业家们最困惑，甚至最难做出决策的问题之一便是企业该不该上市。因为同国外的百年老店、家族企业相比，中国的企业有一个天然的劣势：其管理者大多生于草莽，或者起于草根，缺乏背景，没有接受过商学院的管理教育，没有获得过关于法律或者制度的足够背景知识，没有和资本市场、经理人、合伙人打交道的成熟模式可以借鉴。这就是说，他们可能既不明白上市的意义，也缺乏应对公众公司的普遍经验。

因此，中国一些大企业始终秉承家族企业和中国式管理，至今也看不到他们上市的迹象或者相关愿望的流露。比如宗庆后的娃哈哈集团公司，还有世界最大的通讯设备商华为集团，这些企业的创业者同时也是最可靠的领导者，即便不依靠上市融资，他们也能够获得足够的资金，而高度集权、军事化的管理方式，也不容上市公司信息披露制度插足。

而一些上市公司，则是企图依靠资本市场的平台，更大范围地进行融资，改善公司治理结构，提高管理水平，进一步提高利润率和现金流供应。这样的公司处于另一个极端，他们的目标明确，上市要么是为了解决钱的问题，要么是规模和治理的问题。所以，他们十分欢迎上市，即便碰到异议和阻力，很快也会因为股市的溢价，财富迅速平息化解。这样的公司不胜枚举，主要是大中型企业上市公司，只不过从绩效上看，人们很难说这些上市公司真的从上市中获得了改善。

于是，摆在中国绝大多数中小企业管理者面前的难题就出现了，在天然劣势面前，他们第一不可能目标清晰，因为家族企业或者合伙人的羁绊形式可能让这一过程受阻。第二，即便目标清晰，上市的时间、地点、场合及潜在影响的评估都是横在管理者面前的大难题。

那么到底怎样的上市过程才是企业家们合理的选择呢？

首先，就中国的情况来说，企业家的管理和经营状况、市场地位，经常是三位一体的，上市，不是公司资产的上市，而是管理者、股东、员工整体跟进的上市才可能是最优的。经营好，市场地位自然也强，这样的企业又通常是以灵活性和偏重家族化的企业管理方式为主。拆开任何一个因素，企业的经营都可能受到影响，因此，如果上市，就必须同时解决管理、人员、股权的问题，清晰的管理结构最好对应相对集中的股权结构。

大多数中国民营上市公司都维持在一个大股东、较多合伙的中小股东的偏正结构上。通常这样的企业摩擦最小，上市造成的动荡更迭影响可以最小化。例如民营500强的上市公司，多数大股东的持股比例不会超过50%，联合创业者的股份却可能超过这个数字。腾讯、巨人网络、联想之类的大企业均采用这种模式，目的是避免创始人的专权和影响合作关系。

其次，企业的上市，应该是以企业的长远目标的实现为基础的。有一些企业家本身就没有为长远考虑，违心上市，既有可能增加企业的资金成本，杠杆化的操作，还有可能让企业在资本市场中沦为空头的做空大餐。一个没有长远目标的企业，是不会得到价值投资者的长期信赖的。

最后，企业的上市，应该遵循一个合理清晰的框架，在这一点上一些著名企业的成功上市经验，值得所有中国企业家学习。

第二节　我还能左右新东方的理想吗

我怎么也想不清楚，我的后半辈子会怎样度过，我将把新东方带向何方。

新东方在美国纽约证券交易所上市的那天下午，我一个人走到哈得孙河边，面对波光闪烁的河水，独自枯坐了两个多小时。

我怎么也想不清楚，我的后半辈子会怎样度过，我将把新东方带向何方。我还能够左右我的生命，左右新东方的理想吗？

——俞敏洪2008年接受《商学院》杂志采访时如是说

背景分析

不少上市公司的CEO在登陆资本市场的那一刻，都激动得热泪盈眶，而俞敏洪却因为新东方上市内心充满着痛苦和忧虑。"我压力很大，也很疲惫，甚至后悔把新东方做大，后悔把新东方弄上市。"俞敏洪曾多次公开说过他的"上市之悔"。

在电影《中国合伙人》的首映礼上，对于新东方合伙人之间关于上市的矛盾，俞敏洪说道："真正的企业发展，比电影中还要复杂，我们3个人打架打得比电影中凶多了。"如同电影中一样，那个时候俞敏洪和新东方几位合伙人之间的关系因为上市而陷入僵局，他因为忧虑过多，总是整晚睡不着觉。所以，在俞敏洪看来，电影很真实，但现实更残酷。

关于俞敏洪的后悔上市，新东方最早的合伙人徐小平曾多次批评俞敏洪："作为一家上市公司的董事长兼CEO，他那么说，对那些渴望上市的公司很不公平。"但是，俞敏洪也有自己的理由："教育不像卖东西，只要把营销渠道扩展好就行。教育靠的是互动，要保持品牌，不符合教育规律的就不能做。"

对于新东方的经营，俞敏洪一贯的方针是：在没有彻底认清一项事物的时候，绝不能贸然进入。而新东方的上市则打破了俞敏洪的这一经营方针。"上市公司的管理结构、治理结构极为严格，而我还不会打理；美国上市公司不允许老板随便抛售股票，而对其他人没有限制，这就意味着我要承担所有的压力。"俞敏洪说，"在新东方，我唯一一件没有弄懂就去做的事情，就是上市。"

除此之外，俞敏洪一直认为，"做教育"与"上市"是冲突的。他觉得新东方的上市是带了一个好头，也带了一个坏头。带好头是因为在新东方上市以前，很少有人把教育或者培训教育跟上市公司结合起来。新东方将这两者结合起来之后，很多教育培训行业的人便发现，教育和资本结合有极大的好处，因为教育领域如果涌入大量的资本，自己的教育培训业务就有了强大的后续资金，可以将公司迅速做大做好。

而带坏头是因为教育求稳，资本求快，资本引入教育之后，很多教育培训公司再也没有心平气和地真正做教育的心态，而是被资本牵着走。比如，新东方变成上市公司后，俞敏洪就要拿出大部分精力，应对华尔街那些资本家对新东方每年25%增长的收益要求。

由于资本的特点是逐利性，追求的是利润至上，而教育的特点是非逐利性，追求的是内在的价值意义。俞敏洪认为，只有把上市公司和教育这两个内涵不太一样的行业比较完美地结合起来，才能保证公司很好地发展。如果找不到两者的结合点，就只有死路一条；当然，如果光是被资本追着走，肯定也是死路一条。

再加上，俞敏洪的本性是悠然自得、随遇而安，上市所要承担的责任、随之而来的压力也让俞敏洪陷入被束缚的状态。因为新东方一方面要保持利润的可持续增长，另一方面又要保证教学质量的同步增长，这需要付出很多努力才能做到；以前俞敏洪会比较从容地在教师培训管理上投入上千万，而现在即便是有钱也不能从容地花掉，很多时候还必须节省下来变成利润。

于是，在以上这些因素的作用之下，俞敏洪比较喜欢悠闲地做事的状态被上市彻底打破。在他肯定资本市场为新东方带来好处的同时，其自身所处的"难以平衡和痛苦的状态"，也促使他多次表达出"上市之悔"。

拓展透析

有些公司本身碰到的灾难性问题是，公司的价值和利润目标如何合二为一。俞敏洪的痛苦，恰恰就是教育的社会价值和利润出现了巨大的落差。如果管理者和所有者身份重合，或者有交集，这种痛苦就会变成一个人两种理想和价值的互搏。

真正的问题，只有当管理者和所有者、股东和经理角色分开之时，这种冲突才会出现。这就是所谓的两权分离情形。股东代表资本，是所有权的一方，经理代表的是管理，是经营权的一方，公司只有一个，一定时空下，要么资本说了算，要么管理说了算。这就是大多数上市公司的高管面临的所谓价值冲突、理念不合问题的本质。

要解决这个问题，其实就是资本和管理者各显其能，在市场上博弈的过程。资本方不愿意丧失权力，或者想要更多的利润，通常会使用两种办法：第一种是木马策略，比如期权和绩效考核。第二种就是用脚投票，在经理人市场上施压。但管理者也不是傻瓜，期权可以用变现或者在经营目标上做手脚规避，绩效考核则可用职务内的奢侈消费方式抵消。第二种，则通常会被身兼投资家和管理人两重身份的人彻底玩弄。例如一些如鱼得水的投行经理便是如此。学会跨界经营，基本上让现代治理结构的有效性受到各种各样的挑战。

也就是说，经理人的这种价值冲突时常可能"出轨"，而大多数情况下，这种冲突对于企业的发展和目标来说是致命的。这是因为多数的企业主要的存在价值还是利润。而那些不遵守这一原则的公司，就可能落得个悲惨的结果。

雅虎的衰落，很大程度上是技术公司的价值目标同资本矛盾的结果。雅虎原本的企业价值是追求技术创新，为此应该不惜代价使用最优秀的工程师，可是实际上，每一次优秀的创意或者项目出现，雅虎的总裁赛梅尔出于投资回报率的短期考量，反而雇佣水平较低的工程师，而且也没有授予创新的自主权。雅虎一度网罗了在搜索引擎领域创新的最优秀人物，结果之后却搁置起来，同谷歌合作，看上去完全是自掘坟墓。

奇虎科技董事长周鸿祎曾是雅虎中国的工程师，在总结雅虎的失败时，他批评说："就像种地一样，只知收获，而不去施肥和耕耘，最终就会盐碱化、沙漠化，失去生命力。"然而关键时刻，雅虎原CEO杨致远同样面对这一问题，在利润和技术市场价值上首鼠两端，最终导致团队分崩离析，在错失与微软合作翻身的机会后，杨致远也只好退居于幕后。

雅虎的衰落，不少人归结为所谓领袖气质不足、技术迟钝等原因，其实，以雅虎的价值取向和治理结构来说，一个完全以反资本的技术合作模式构成的企业,很难在资本的结合下,开出利润的花朵来。从这个角度说,并不是所有的行业和企业都是适合上市或者需要资本方的话语插足的。这也许才是一条真理。

第三节　我没有被资本掌握命运

上市后的四五年当中,我没有被资本掌握命运,而是资本被我掌握了命运。

因为被追逐得太厉害、不断地增加教学点、增加各种各样设施、人才上短缺的困难,自然就会产生很多的痛苦,同时还有可能因为决策匆忙而发生错误。

资本要不要?你自己心里明白,你缺钱又要发展,你可以要。但是要了之后你就要学会跟资本博弈,学会如何跟资本家打交道,如何冷落资本家。我是一点不夸张说,从新东方上市之后到现在为止最大一波投资者,买新东方股票没有超过10个人,没有超过10次,新东方现在已经上市第六年了。

我只告诉他们一件事情:第一,你们买新东方的股票,你们自己决定。第二,你们买了股票,绝对不保证你短期有多少增长或者是长期有多少增长,我只做教育领域对的事情。第三,我本人不怕股票下跌,我从来没有想过在10年之内我要卖新东方的股票,尽管我刚开始上市卖了一点,是为了生活,也是为了对社会有一些交代。

对我来说你股票跌成1块钱和涨成100块钱没有任何意义,所有人报道我的钱就是纸币,也就是说它不是一个现实的钱。从100块钱跌到1块钱,也可以从1块钱升到1000块钱,你不要说买了新东方股票,股票上升,我认为这个增值对我没有现实意义。

上市后的四五年当中,我做得比较从容,资本家不会烦我,新东方的股票持续稳定增长，这点算是跟资本家博弈中，我有了一点点胜算，我没有被资本掌握命运，而是资本被我掌握了命运，你们爱买不买。我在某种意义上，控制了新东方的发展节奏。比如说，如果新东方拼命打广告，拼命在某个领域开拓的话，新东方年增长50%，连续保持两到三年问题不大。

我从上市到现在每年平均增长值是35%，坦率来说是被我控制的数字。等我发现新东方的增长超过30%的时候，我会停下来慢一点，先把内部工作做好，看团队搭建好没有，教学目标完成没有，教研做成没有，布点合适了没有。

新东方的预算每个机构不超过35%，有的机构问如果做到100%你给我什么奖励，我说你做到100%是怎么做的，如果就做一年我不让你做。你100%连续做10年，你给我10年计划，我给你10年奖励，我给你一个大奖，我要的是长久发展。

——俞敏洪2011年接受《新领军》杂志采访时如是说

背景分析

2011年7月《新领军》杂志社和新领军者俱乐部共同主办的"新领军论坛教育行业峰会"在北京举行，俞敏洪作为中国教育行业领军人物，接受了该杂志的采访。而他的主要新兴对手，弘成教育集团董事长兼CEO黄波等人被评为年度新领军人物，北京华图教育集团、清大世纪教育集团等荣获行业领军称号，行业新锐聚智堂教育集团、北京市青春作为教育科技中心等都盼望以新东方为榜样上市，一鸣惊人。

然而，此时作为中国教育行业当仁不让的"带头大哥"，俞敏洪对于上市和资本看得很淡，而正如他披露的那样，新东方上市后的经历，同时也是俞敏洪人生一段特殊的心路历程。

俞敏洪曾梦想过要把新东方做成年收入一两百万的精品机构，因为他觉得小范围内也能实现理想；但现实中的利益纠葛，使他不得不将新东方运作上市，变成一艘"万吨巨轮"。这样，俞敏洪就陷入俗话所说的"赚多大钱，操多大心"的困局，他的书生梦想最终只能是一个不能去实现的"梦想"，如何更好地驾驭资本，才是他当前必须更关心的问题。

2006年9月7日新东方在纽约证券交易所上市，意味着俞敏洪与资本握手言和。但是，随之而来的便是来自资本和股市的沉重压力。2007年7月24日，新东方2007财年的第四季度（财年由6月1日至次年5月31日止）业绩未达分析师预期，导致新东方的股价在一天之内下跌11.25%，这让习惯了新东方股价一路上涨的俞敏洪和新东方员工初识了资本市场的冷酷，也开始增加了对业绩增长的敏感度。

而且，由于美国经济不振，各类投资者包括股东和投机者，都视新东方这样的中国概念股为天然的避险，或者做空的最佳对象，另外，来自对手的财务攻击也开始升温。在如此的局面之下，新东方不得不竭力保证最好看的业绩。

为了业绩提升，俞敏洪也开始试着走入不熟悉的领域碰勇气。在峰会上专家指出："统计数字显示，5~10年内，中国教育培训市场潜在规模将达到5000亿元。尤其是中小学的教育培训，超出3000多亿的市场，并且正以每年30%速度急速增长，年参加各类培训的青少年儿童超过1亿人次。"幼儿教育突然火爆，新东方不惜重金，抢位布局；公务员和司法培训热度上升，新东方开始加入公考培训生源大战；然而，这么做的结果让俞敏洪感到失败："我们摸爬滚打4年，只开了两家幼儿园还开得不怎么样。新东方不是什么东西都可以做，像这些都不是强项。"

最终俞敏洪不得不顶住压力，收缩战线，宁肯在资本市场上接受压力，也不在核心竞争力问题上打折扣。新东方的强项显然还是在外语培训、出国留学咨询、职业教育这些方面。收缩战线，回归核心业务，让新东方从盲目中找回了自信和利润增长的方向。在2010年跨国教育和风投巨头支持的中概股掀起上市高潮，给新东方带来短暂冲击后，俞敏洪力挽狂澜，压住了阵脚，在这一波浪头中重新让新东方站上潮头。

到2011年年初，11家教育中概股中，新东方的总收入相当于后3家的总和，股价一路上扬，市值高涨，成为教育市场上不可挑战的"东方战车"。在说出新东方掌握资本命运的豪言之后,俞敏洪及时调整布局,在浑水公司紧锣密鼓地筹划做空新东方的报告调研期间,迅速完成了私有化的法律程序。

即便后来浑水公司一度利用新东方的财务报告和尽职调查掀起舆论高潮,但这场做空闹剧,由于俞敏洪的强势反击,浑水一方草草收场。2012年下半年,浑水公司非但没能做空新东方,反被披露:幕后老板在做空中概股之时,还在大量买进中概股股份。浑水公司的信誉受到打击,从此不得不转向欧洲和其他国家市场。

正如俞敏洪所料,新东方在中美法律差异间是有着迂回之地的,私有化在VIE(也称协议控制)结构符合法律规制的处理中,新东方的确有礼有节地做出了反击,至少在这一波资本发起的攻击中,新东方胜利了。

拓展透析

任何一个公司的上市,都需要遵守企业的基本目标,不论是在利润还是在资金、市场品牌上。一个成功的企业家和管理者,不应该止于将上市当作最终目标,单方面地将企业推向市场,面向资本。事实上,从企业的目标取向上说,上市始终只能作为企业实现目标的工具,而资本也只能是被动的力量,不能任由其反客为主,主导企业的命运。一旦出现这样的情况,或者预示着企业价值的偏离和管理层目标的弱化,企业处于危险之中,或者企业正面临恶意做空或者收购的威胁,同样是危险即将来临的信号。

谷歌公司于2004年正式上市,创始人是31岁的拉里·佩奇和30岁的谢尔盖·布林。根据当时对公司原始股总值的估计,如果市值达到250亿美元,两位创始人拥有的股票价值都将达到41亿美元,个人财富将猛增3倍。但两位创始人一开始就将谷歌的上市分成两大部分,第一部分发行,要选择一种创新的方式,目的是向外界和公司内部展示谷歌一向特立独行的风格。

谷歌在华尔街首次以最高达1亿美元的佣金雇佣两家承销商，以"荷兰式拍卖"的方式来确定股票发行价，据说这是为了让普通公众在股票上市交易前有更好的机会来购买股票。

谷歌本身的搜索引擎技术有专利权属于美国斯坦福大学，因此斯坦福校长和英特尔总裁都成为这个从前的合伙公司的新董事。为了调和三方利益，在管理上让步，谷歌两名创始人和公司首席执行官斯密特采取三方管理模式。

尽管当初就有人抱怨创始人是"工程师的天堂"，斯密特却是"管理者的地狱"，这根本不像一个激烈竞争中的世界级公司，但是即便如今的谷歌公司丑闻频出，也没有影响到谷歌内部的管理和原来合作者的合作关系。

所以，虽然上市对谷歌的企业文化造成了巨大的冲击，但谷歌的文化最后还是风靡世界，成为高科技企业的一种典范，其幕后资本也开始越来越信任这种文化。至少，现在没人相信一个死气沉沉、缺乏个性的高科技公司能够带给风投们什么可观的利润。

第四节 尽量用资本市场的钱来做事情

第一要和资本对接；第二要把事情当作自己的来干；第三要尽可能拿最短的时间，集合各方面的力量把事情做成功。

杨旭涛：很多人都了解您，在您之前做培训创业的时候应该也是很困难的，核心人物的不稳定、资金的走向、项目策略的方向等，特别在资金这一块，您觉得现在创业解决资金问题最好的方式有哪些？

俞敏洪：现在资金问题解决最好的方式就是拿出一个好的创业项目去说服投资人。这个需要你有前提条件，主要就是你的项目、想做的事情确实是一件好事,从头到尾怎么做,优势有哪些,劣势有哪些,要想得比较清楚。

现在中国的风投和基金非常发达,所以比较容易拿到钱。如果说这个项目拿不到钱,你只能拿自己的钱来做,那么你一定要有一个把握,在花多少钱之内,你能够把这个事情做出一点头绪来,等做出一点头绪来,再去融资。这是第二种方法。

大部分的项目,很难说一个项目是自己掏钱,从头做到尾把它做大的,除非是你使用很长的时间来做,10年才有一定的头绪,那么你就要靠自己的原始积累了。但是在现代社会中,这样做风险比较大,你慢慢做的时候,别人拿一笔钱,一下子就做到你前面去了,就把你的机会抢走了,所以尽可能用资本市场的钱来做事情。

同时,你要有责任心,不要以为资本的钱不是你的钱,可以乱花,有这个想法的人不管到什么时候公司都会倒闭。只有拿到钱以后当是自己的钱来花,精打细算,把钱用在刀口上,这样的人才会比较容易成功。

所以,第一要和资本对接;第二要把事情当作自己的来干;第三要尽可能拿最短的时间,集合各方面的力量把事情做成功。因为现在这个社会的竞争已经容不得你去用3年、4年、5年,尤其是8年、9年、10年,除非是个非常非常传统的行业,不然机会都很容易被抢走。

——俞敏洪2011年参与林夕阁互联网知名人物访谈

背景分析

正所谓树大招风,新东方上市后,各种各样的传言应声而起,有一些声音追问:"新东方为什么要上市,是不是因为缺钱?"在媒体的质疑声中,俞敏洪对此事做了全面的解释。

某栏目的主持人问:"尽管你一直在对外表白,新东方上市如何广受资本追捧,但还是有分析师坚持认为新东方是出于资金饥渴从而'贱卖'海外。"

俞敏洪回答说:"新东方本来就不缺钱,我们新东方账上永远有一个

第二篇 关键时刻之丛林生存的商业哲学
东方的精神，西方的规矩

标准，就是必须保持两亿人民币左右的现金存款，而且不做任何投资，就是放在那儿。原因是新东方的预存款比较多，大量的寒假学生报暑假的班，学生半年前把钱交给新东方，最终达到一亿左右的概念。我保持银行这个数，有一个前提条件，万一遇上特殊情况，像'非典'，学生没法上课会遇到退钱情况，如果银行账上储备金不够的话，学生不信任，说你新东方把我的钱花光了。

"上市以后第一件事情就是新东方有钱了，我们融了一亿多美元，我前面的钱向银行贷款就可以还了。新东方在北京买了一栋大楼，3个多亿；在江苏建了校园区，中间有4个多亿是新东方原来的储蓄金，就是新东方过去10年赚的钱；剩下的是银行的贷款，上市之后把银行的贷款还掉了，每年省下来几百万的利息。"

事实的确如此，新东方不可能在缺钱的情况下上市，在"安然事件"后，美国资本市场的监管规则严酷到让人不寒而栗的地步，要想在严格的金融监管体系下隐藏自己的资金漏洞是不可能的，所以，新东方上市的"缺钱论"不成立。

那么，新东方为什么要上市呢？

在一个访谈节目中，主持人直接问道："融来的钱用来做什么？"

俞敏洪说："新东方上市是要用外国人的钱来办中国人的教育。"

用外国人的钱来办中国人的教育？俞敏洪确确实实是这样考虑的。俞敏洪在做教育的过程中一直都在观察，发现困扰中国民办教育行业的问题：一是民办教育企业后劲不足，缺乏资金支持；二是作为培训学校，不能异地办学，没法扩展，所以必须产业化。

新东方上市后，融到的资金主要有以下用途：一是进一步扩大新东方的外语培训领域和外语培训的相关设施；二是希望通过新东方上市，能够进入更多的教育领域，比如高等职业教育、学位教育等。

这样一来，新东方未来的中国教育机会比较多，在多个领域可以做。俞敏洪说："因为机会来临时，等到你说，我有这么一个机会，我突然要收购一家企业，结果账上没钱，重新到美国融资，再回来，有的时候这个机会就会失掉。"

另外，还有一部分资金会投入研究发展，作为研发费用，使新东方有更加稳固的基础。俞敏洪总结道："我说了'拿美国人的钱，办中国人的教育'，这个观点是对的，为什么？钱都是国外来的，都是美元进入中国，国外的投资者不期待你分红，而是期待你发展，没必要把赚的钱给投资者。原因是你要是老分红，投资者会很失望，企业不发展了，没有战略思想了。我们期待新东方有资金的有力支持，越发展越大。"因此，俞敏洪在采访中还这样说过："我鼓励更多的民办教育企业去国际资本市场上市，用美国的钱把中国的教育办好。"

总之，希望用资本市场的钱来"为中国教育踏踏实实地干点事情，希望能拿美国人的钱来办中国的教育"，并且帮助新东方实现办好中国教育的理想，俞敏洪认为，这就是新东方上市融资的最大意义。

拓展透析

资金是企业发展的血液。企业生存需要资金，企业发展需要资金，企业快速成长更是需要资金。在如今竞争激烈的市场上，资金有的时候成为企业发展中绕不过的障碍和难以突破的瓶颈。谁能解决资金问题，谁就赢得了企业发展的先机，也就掌握了市场的主动权。因此，融资模式的打造对企业有着特殊的意义，尤其对初创企业来说更是如此。

融资的方式有很多，如银行贷款、寻找风险投资或民间资本、创业融资、融资租赁等，创业者需要认真考量各种可选择的融资源，以便于有效融资。分众传媒就是凭借其成功有效的融资模式，实现了其对电梯媒体的统治地位。

国内领导群雄的数字媒体公司——分众传媒，是中国围绕都市主流消费人群的生活轨迹打造的无时不在、无处不在的数字化媒体平台，是中国最大的数字化媒体集团。

2003年5月，分众传媒成功获得日本软银等公司的首轮私募股权投资

第二篇　关键时刻之丛林生存的商业哲学
东方的精神，西方的规矩

4000万美元。

2004年3月，维众投资、鼎晖国际投资和TDF基金联手美国知名投资机构德丰杰、WI-HARPER中经合以及麦顿国际投资等注资分众传媒数千万美元，分众成功获得了第二轮私募股权融资。

2004年11月，分众传媒控股有限公司与维众投资、美国高盛公司和英国3i公司在人民大会堂召开新闻发布会，宣布维众、高盛及3i共同投资3000万美元入股分众传媒，分众实现了第三轮股权融资。

2005年7月，分众传媒成功登陆美国纳斯达克（股票代码FMCN），成为海外上市的中国纯广告传媒第一股，并以1.72亿美元的募资额创造了当时的IPO纪录。

2006年1月，分众传媒以3.25亿美元的价格合并中国第二大楼宇视频媒体运营商——聚众传媒，从而以75个城市的覆盖度、约98%的市场份额进一步巩固了在该领域的领导地位。

自合并之日至2006年3月底，公司在分众、聚众两个品牌原有的楼宇联播平台基础上将该网络划分为更加精细分众化的几个频道，包括中国商务楼宇联播网、中国领袖人士联播网、中国商旅人士联播网、中国时尚人士联播网等。

在不到两年的时间里，分众传媒成功运作了3次私募股权融资，并引进了几家国际顶级的机构投资人，无疑是近年来中国本土公司私募股权融资一个不可多得的经典案例。有效的融资对于企业的成长发展起着非常重要的作用，分众传媒的成功与有效融资密不可分。

该如何有效融资，利用资本市场的钱来做事情呢？分析分众传媒有效融资的原因，不难看出有三大成功要素：

1. 准确评估融资值。估值的高低，对企业融资会产生重大影响，甚至直接影响到能否融资成功。公司在融资前要给融资公司一个准确的定位，合理地评估企业所要融资的资本。

公司在评估自己的融资值时，要明确评估资本以哪家公司作为参照物，以哪些财务数据作为参数，公司投资前估值与公司的融资额以及增发新股的比例是多少等，这些都关系到融资是否有效。

2. 依靠成熟的团队。虽然分众广告媒体业是一个融户外媒体、数字娱乐、IT技术等于一体的新型广告媒体产业，在国外也无成型的商业模式可供参考，但是分众传媒的创始人及其团队，凭借其经营广告代理近10年的行业经验，率先独辟蹊径地开创出一条适合中国国情、符合自身发展的商业模式和盈利模式。

在错综复杂的投融资商业谈判中，分众传媒公司的年轻团队表现出果敢、干练和沉着的品质。他们热情洋溢的陈述，让潜在投资人感受到其创业的激情。优秀的团队及其领导人，始终是融资成功的第一要素。

3. 积极斡旋，高效谈判。在融资过程中，投资双方或多方会提出不同的问题，尤其是在公司估值、投资比例、投资人优先保护条款、公司治理和管理权归属等重大问题上，积极地斡旋、协调谈判双方或多方，控制谈判节奏，成为谈判对手之间的一道缓冲，使艰难而紧张的谈判进行得更为顺畅，将大大提高谈判的成功率。

分众传媒的领导人在与投资方会谈中，能把握大局，因势利导，并能充分发挥"财务顾问"的作用，把投资方的积极性恰到好处地引发出来。另外国际投资基金的全力配合，及各基金之间微妙的互动压力，使分众传媒第二轮私募融资得以在不到4个月的时间内就顺利完成，并出现机构投资人超额认购的局面。这在近年来的中国私募股权融资和风险投资领域都是极为罕见的。

依靠这三方面的因素，分众传媒成功地融入资本，为其发展插上了翅膀，从而进入企业发展的快车道。

第六章
要不断变革自己，更新自己

第一节 企业的成长就像一个人的成长

如果把衣服比作组织结构，当这个企业在成长的时候，如果组织结构不进行调整，企业就永远被束缚住了。

李兰：在新东方的成长过程中，企业的组织结构一直在快速变化，社会影响也很大。关于企业组织结构的调整，您有什么经验和体会可以分享？

俞敏洪：用一个简单的比喻来说，我的经验就是：企业的成长就像一个人的成长。

一个人到青年时代的时候，肯定不能让他穿童年的衣服；到中年的时候，也不太容易让他穿青年的衣服。如果把衣服比作组织结构，当这个企业在成长的时候，如果组织结构不进行调整，企业就永远被束缚住了。这就好比让一个人永远穿童年的衣服，这样他就没有办法长大了，因为他的衣服束缚了他的成长。

我认为，组织结构的调整是企业发展的最重要的因素。但是也不能在童年的时候就给他穿成年的衣服，因为这个孩子还没有衣服大。

所以，有两种企业一定会必死无疑：第一种就是企业本身在成长，但它的组织结构不变，最终企业一定会被组织结构拖垮；第二种是企业还没有长大，就建立了庞大的组织结构，那样企业也会很难活下来。

如果我用上市公司的结构去要求新东方初期的发展，那么新东方必死无疑。但是，当新东方长大了，如果我不从夫妻店转成合作制，再转成股份制,继而转成国际上市公司,那么,新东方同样也必死无疑。

——摘自《中国企业家的战略选择》

背景分析

　　从今天的眼光看,人们津津乐道的新东方传奇,其实就是新东方的一部企业组织进化史。从一间破房孤身创业到"三驾马车"加盟合伙,再到陈向东执掌大权,历经20年发展的新东方经历了4个阶段:家族制、合伙制、股份企业制和公司制。

　　从企业的成长和管理演化的角度说,新东方从一个不知名的培训点变成如今的庞然巨物——新东方教育科技集团,这样复杂多变的组织架构变迁是不可避免的。正如同一个人一样,为了成熟长大,必须经历他的幼年、童年和青年阶段的种种历练,才能在生理和心理上走向一个崭新的阶段。俞敏洪总结说:"新东方的管理制度是从个体户开始的,从家族制又走向合伙制,然后是乱七八糟的股份制,又走向了开放式的股权结构。"

　　其实,企业发展的每一个阶段都为后一阶段提供了发展的基础、养分、经验乃至教训。没有春天的播种,就没有秋天的收获。但并不是所有的企业都需要经历这些组织结构方式转变的复杂过程。这几乎相当于重复了人类企业发展史的一般过程了。

　　正如俞敏洪所说,对于企业而言,也许这些阶段是可以跳跃的,现在的创业公司完全可以"一步到位",减少大量的失误和问题。可是,即便如此,俞敏洪还是认为,对他而言,这是成长过程中无法绕过的必经之路。幻想一夜长大,一度也是新东方成长中问题的根源之一。

　　俞敏洪创业生涯的第一阶段,可谓饱尝艰辛。创业初期,他选择做个体户,单打独斗,教学、培训、打广告、拉客户等烦琐的杂务一肩挑。事业稍有起色,妻子也正式辞职做帮手,个体户才变成"夫妻店"。应该说,这一阶段,新东方学校的萌芽才刚刚产生。

　　新东方作为民办培训班,教无定所,只有几十名学生、一个培训点,

第二篇 关键时刻之丛林生存的商业哲学
东方的精神，西方的规矩

从根本上就不具备企业设立的基本条件。为了争夺贴小广告的权利，俞敏洪也要费尽周折。于是，价格战、广告战、政策战也是俞敏洪常用的策略。在当时那个几乎不受法规约束的新兴市场里，新东方的"夫妻店"以天然的灵活性、低廉的成本为后来新东方的成长奠定了基础。

之后，随着徐小平、王强、包凡一的加盟，新东方的第二个阶段也随之而来。这是1995～2000年年底，新东方的合伙制时期。在新东方还没有资本涉足的年代，俞敏洪与同伴合作是一种技术入股，外加业务承包责任制的方式：徐小平的优势是留学经验多，负责留学、签证、移民和咨询相关的服务；王强是基础英语培训，被人称为"0岁到99岁"的英语教育；包凡一则主管新东方出版业务；俞敏洪则是老本行——出国考试培训。

在"新东方"品牌下，合伙人之间各负其责，自负盈亏，用俞敏洪的话说就是："我采取的是非常原始的，也非常简单的制度，就是说我把新东方划分成几块，比如说口语一块、听力一块、阅读一块，每个人去承包一块，你去负责聘请老师，你去负责寻找教室。也就是说，你去负责所有的费用和成本，最后剩下的钱都是你的。"

公司在业务上和股份制公司接近，但在管理上继续延续"夫妻店"的模式。新东方的创始人和合伙人，因为相似的背景，创立了创业团队。但问题也随之而来，因为这个团队的成员本质上还是一群初出茅庐的教师，是一群理想和感性的知识分子。

而企业至关重要的财务和成本管理，需要的是更可靠、更有威望、更专业的人才。当团队都在具体业务工作中热火朝天之时，俞敏洪的母亲和妻子，就成为合伙人们要"排除"的人选。于是，俞敏洪不得不让自己的家庭成员离开新东方，让新东方彻底脱离家族制。

从2005年年初开始，俞敏洪认为新东方进入了第四个发展阶段——国际融资阶段，新东方团队完成了凤凰涅槃。上市后，新东方教育科技集团在纽约证券交易所和华尔街的成功表现，也使得他"最富有教师"的头衔更加稳固。

事实上，正是因为重新整合了团队、清晰了公司的权益结构，各方利益都得到了一定程度上的满足。而原本内部多年来管理、业务、人力上的弊病一次性爆发，也等于剪除了新东方规模化、规范化、公司化运作的潜在祸患。

试想，如果类似2002年的新东方风波在上市后爆发，很可能不需要浑水公司做空，新东方就早早地画上一个句号。新东方的辉煌，也就无从谈起，更别说成就今日的业绩了。

正因为有着刻骨铭心的经历，俞敏洪才能在面对大众时如此坦然而骄傲地表示：新东方在结构治理上经历了家族制、合伙制、股份制和国际上市公司四个阶段，每一阶段的变革都给新东方带来了脱胎换骨的改变，而每一次改变都不是在欢乐中诞生，而是在痛苦中凤凰涅槃。今天的新东方，已经习惯了变革，习惯了和各种思想发生碰撞，也习惯了在反思中提升自己。

拓展透析

企业，作为市场存在的基本单元，如同人在生命中一样，也要经历生老病死，挫折与痛苦，如同人的成长一样，也要经历一个量变到质变的过程。企业家和管理者，作为企业人格上的代表者，对于企业系统内部的组织与功能优化，企业规模和实体扩张、新陈代谢，不断适应环境，与环境良性互动都有着至关重要的作用。

管理学者认为，企业成长具有阶段性，有生命周期，即创业期、扩张期、成熟期、老化期等。爱迪斯认为企业可分为成长阶段、再生与成熟阶段、老化阶段。成长阶段包括企业孕育期、婴儿期、学步期；再生与成熟阶段包括青春期、盛年期；老化与消亡阶段包括稳定期、贵族期、官僚化早期、官僚期和死亡期。

可以说，任何一个企业都将经历处于不同生长阶段的实体，其发展必须符合客观的经济规律。而企业家和管理者，既是企业成长的推动力，本身的成长也和企业的成长、命运息息相关。

第二篇　关键时刻之丛林生存的商业哲学
东方的精神，西方的规矩

所以，没有企业家的成熟和成长，不会有企业的向上发展；企业的成长过程也需要企业家和管理者时刻以"父与子"般的情结，审慎应对。几乎所有伟大的企业，都与伟大的企业家或者管理者的经营能力直接相关。从这个角度说，把企业的成长看成是人的成长，就更加具有现实的意义。

在不同的阶段，企业出现的问题、解决问题的方式，都是不同的。这就需要管理者对症下药，而不是轻信所谓一套制度包打天下的经验。领导者必须有清晰的头脑和远见，"马上打天下"，却不能"马上坐天下"。

稻盛和夫的经营思想，曾经影响了一代日本企业。"活法"和"干法"的观点，一直为索尼、日立之类的大企业所推崇，丰田公司更是将"阿米巴"工作法推向了极致。但是很少有人注意到，在稻盛和夫的经营思想流行的30年间，诸如京瓷之类的日本大企业，一步步走向衰落，一些曾经笑傲市场的著名公司，走向衰落甚至破产消亡。

其实，阿米巴工作法只是稻盛和夫生活时代一种技术优势的方法总结而已。在那个成本和质量为王的时代，稻盛和夫在经营中发现，只要精确地衡量工作的流程，快速纠错，循环往复，就可以在技术不变的条件下超越对手。

这本来只是一种流程艺术。可是随着时代的变迁，特别是在互联网时代，错误和不精确的流程成为创新和改进的灵感源泉，人们也不再单独地偏好质量和价格。死守这一规矩的日本企业沉溺其中，却很少能够自动适应市场和流程的变化，自然也就错失了企业自行改造、自我提升的机会。

经济学家们则认为，市场规模和分工程度决定了企业的成长，即不同行业因分工不同，企业成长的机会也将不同，因而市场——技术结构决定企业成长及其规模。马歇尔认为，企业的成长很大程度受到企业家个人的生命和能力的限制。

为了最大限度地延续企业的生命力，必须用合理的方式，比如为弥补家族制和合伙制的不足，可以采用职业经理人制度，相应地改变公司的所有制形式，或者采取适当的激励方式等方法来应对。

第二节 危机危机，有危险亦有机会

危险有的时候会变成机会，但是机会有的时候也会变成危险，危险和机会永远是相辅相成的一对概念。

自从有人类以来，我们每天都在面临危机，而人类也在不断战胜危机中生存了下来。当然，我们无奈地发现，尽管人类战胜了一个又一个危机，但是到现在为止，人类其实没有取得太多的进步，我们也没有从危机中学到什么。

其实我们希望看到人类进步，而不仅仅是战胜危机生存下来。不管怎么样，人类总算是把一个又一个的危机解决了，不管是战争危机，还是商业危机，还是疾病危机，至少从健康角度来说，我们的寿命变得越来越长。

危机危机，有危险亦有机会。实际上中国把"危机"这两个字放在一起是有深刻含义的，就是危险有的时候会变成机会，但是机会有的时候也会变成危险，危险和机会永远是相辅相成的一对概念。中华民族是一个比较聪明的民族，在对待危机方面，如果上了一次当以后，我们很少会上第二次当。

所以，我相信中国这一次在金融危机中能够抓住一些机遇，包括莫里斯·斯特朗先生所说的，很多国际公司的价格已经到了可以购买的净值，甚至净值以下。这是我能够感到的，我也看到一些国企在行动。很多国外的企业真的是没钱了，中国的企业有强大的国家支持，确实还很有钱。

从中国这次对甲型H1N1流感的应对措施来看，我们可以看到2003年的SARS给中国带来了多大的好处。因为我们有应对SARS的能力，所以，我们应对甲型H1N1流感胸有成竹。原来中国没有应对金融危机的能力，今天我们面对金融危机是不是能够照样胸有成竹？而且我们确实不能失误，如果失误了，这次千载难逢的机会可能就没了。
——俞敏洪2010年在《当代经理人》杂志创业领袖颁奖会上的讲话

背景分析

2009年5月30日，《当代经理人》杂志和新领军者俱乐部联合主办的第八届创业中国高峰论坛在北京召开。作为往届创业新锐，俞敏洪围绕"新思维、新机遇——危机后的企业腾飞之路"主题发表了演讲。

俞敏洪演讲风格张扬，充满激情，他对危机和企业家创业环境的看法，赢得了在场数百位企业家及媒体代表的热烈掌声。也正是在这次创业高峰论坛上，俞敏洪获得了"2009中国十大创业领袖"的称号。

其实，在新东方上市前后，俞敏洪一直有深深的危机感，但面对危机和未来的不确定性，他总是乐观积极，冷静分析，即便是最糟糕的情境，他也希望至少将坏的那一面，尽可能用别的方法，以正面的方式推动转移，化危为安。强调对于危机中机会的主动性，是俞敏洪创业管理的个人特质。

俞敏洪曾在新东方内部会议上这样说："每个员工，要经常自我追问4个问题——新东方的'旗帜'还能打多久？我们的产品和品牌能否唤起公众的无限渴望和无比忠诚？如何才能持续成功地进入到陌生的新兴市场？如何才能持久地巩固、强化品牌的地位与影响？"

俞敏洪个人的这种危机感，一方面来自失败者血的教训，比如同样作为教育企业的科利华的垮塌，对他的影响就十分巨大；另一方面，外语培训产业本身的特点，低门槛、竞争性强、恶性价格战和流动性问题，也让他忧心忡忡。

2008年，一大批风险资金涌入教育领域，在资本的支持下，培训机构大量设点扩招，虽然在规模和吸引力上无法和新东方竞争，却从根本上减少了新东方的生源数量。利润下滑，整个市场的信心都受到打击，自然是个糟糕的局面。不过，这一切并不能难倒俞敏洪，他还是从一团糟的危机中找到了自己的新机会：金融危机让人民币升值，更多家庭选择美国留学，将为新东方的市场提供新的增长空间。

事实上，在公开采访中，俞敏洪就指出："人民币升值的影响是巨大的，对新东方很明显的影响就是高中生学托福的人数增加了，而且这一块的增加不是说10%、20%地增加，都是百分之四五十地增加。"

当其他行业的人们，面对变局受困，惊慌失措之时，俞敏洪则担当大任，成为"寻找变局中的引领者"。他积极改变商业策略，并购和管理两手抓，适时转变新东方的部分产品经营方式。

2009年，俞敏洪引领新东方开设分校达到42家，教学点累计超过300多个，学生超过850万人。同年10月20日，新东方公报显示：第一季度总收入同比上涨26.3%，至1.494亿美元，净利较上年同期增长27.1%。

这样，新东方就成了危机中的新亮点。而俞敏洪由于成功地应对危机，逆势而上，成为当年CCTV的年度经济人物。

拓展透析

在管理学中有一个著名的管理故事，叫作"青蛙效应"，源自19世纪末美国康奈尔大学进行的一项试验：

将一只青蛙放在煮沸的大锅里，青蛙触电般地立即窜了出去。但是将青蛙放入用小火慢慢加热的水中，青蛙便失去了警惕，没有了危机意识，当它感觉到危机时，已经没有能力从水里跳出来了。

企业管理者应从青蛙效应中得到启示，只有及早地意识到危机的到来，并及时地采取行动，化解危机，企业才不会在战略上迷失方向，以致不经意之间滑入危机的泥潭之中。

腾讯是一家以危机为导向的企业，其创始人马化腾认为，作为一家互联网企业，腾讯必须不停地面对危机和变革，通过变革和创新，将危机转变为机会。

马化腾2010年接受采访时，说过这样一段话："互联网是个变化很快的行业，竞争非常激烈。12年来，我最深刻的体会是，腾讯从来没有哪一天可以高枕无忧，每一个时刻都可能是最危险的时刻。12年来，我们每天都如履薄冰，始终担心某个疏漏随时会给我们致命一击，始终担心用户会抛弃我们。"正是这种"每天都在不断的焦虑中度过"的危机意识，让腾讯将一次次的危机转变为机会，取得更大的成功。

2002～2003年，腾讯面临着新的挑战。2002年，网吧里网游越来越多，宽带也进一步普及，很多QQ是挂在网游边上的；2003年，MSN进入中国，网络游戏更加盛行，腾讯面临的是"等死，还是找死"的局面。

腾讯的危机感一直很强，这时的腾讯已经感觉到危机的强势来袭。腾讯的选择是大举涉足其他领域，靠网游、门户等其他服务来黏住网民，让自己跟MSN形成差异，从而在危机中抓住机遇。

事实证明，腾讯的转变是成功的，腾讯不仅没有因为外来的危机失去用户，反而通过将危机化为机会，吸引了更多的用户。实际上，包括后来腾讯进军搜索引擎市场，以及电子商务市场，也是由于感受到危机才开始介入，这为腾讯创造了更多的机会。

与多数企业取得成就时的狂妄与自得相比，腾讯常常显露出不合时宜的忧虑。马化腾所谈论的，通常也不是腾讯的成功，而是腾讯的危机。然而，正是这种始终保持着诚惶诚恐、居安思危的心态，时刻具有危机感，并致力于将危机转化为更大的机会，使得腾讯发展得越来越好，越来越强大。

第三节 新东方如何应对互联网教育

教育的网络化，绝对不像电商的网络化那么急风骤雨，它是一个慢转型的过程。真正伟大的平台商的出现，还要5～10年左右。

我对新东方未来的定位，就是一个内容提供商，以及地面教育商，我不做平台。比如说，谁做平台做得特别好，我把内容提供给你。所以，你做平台，我来做内容。当然，新东方要把内容做好，至少也得10年的时间。但是，只要你的内容到位，你永远不会死，我是这样认为的。我们现在有700多个地面教学点，足够支撑一段时间，让新东方的内容蓬勃发展起来。

而且，搞内容还不能自己独立搞，必须找全世界最先进的技术来搞，这就是新东方要跟剑桥大学等著名大学成为战略合作伙伴的重要原因。所以，你自己要寻找，未来你是主做店面，还是主做内容提供，还是主做平台教育。你不能什么都做全，做全就死定了。这就是未来教育的发展方向。

在这个意义上，我想说大家也别那么着急。教育的网络化，绝对不像电商的网络化那么急风骤雨，它是一个慢转型的过程。真正伟大的平台商的出现，还要5~10年左右。

当然了，现在的小机构它提供平台，这就出现了一个问题，因为它分散资源，分散资源以后，就是让地面上的活得更加艰难，这是必然的。但是，平台商要把地面模式消灭掉，这是不可能的，大家要有风险意识。

——俞敏洪2013年在第三届中国民办培训教育行业发展高峰论坛上的讲话

背景分析

2013年5月18日，第三届中国民办培训教育行业发展高峰论坛在北京举行。在本届论坛上，俞敏洪就"民办教育面临的挑战与转型"发表了主题演讲。

俞敏洪认为，未来培训教育有三大模式：第一是地面教育；第二是平台提供商；第三是内容提供商。

首先是地面教育模式，俞敏洪的说法是，即使你不碰任何互联网，培训领域的地面模式也一定会存在。这跟电商不一样，它是不需要体验的；跟电影院不一样，你必须找到电影院才能看电影，才能知道跟网上看不一样，所以它是完全体验式的，所谓体验式就是必须走到现场。

作为教育培训来讲，因为教育是一种体验，这个体验是当学生来到老

第二篇 关键时刻之丛林生存的商业哲学
东方的精神，西方的规矩

师面前的时候，他面对老师上课的感受、注意力，以及家长对孩子的放心程度与网络教育是不一样的，所以地面教育将会永远存在。

但是，地面教育一定会部分地被网上教育所取代，因为网上教育有它的便利性，以及高科技色彩带给学生的学习乐趣的增加。俞敏洪认为，地面教育将会占到整个培训教育总量的60%左右，网上教育约占40%。这个情况的发生，就是未来3~5年的事情。而现在的新东方地面教育占90%不到，网上教育多于10%。

关于如何应对互联网教育，俞敏洪认为，新东方只要保留它的700家地面店，并且每个店都要做成功，就是成功。地面店每年保持10%~15%的利润增长才是比较好的。但是，未来必须以牺牲新东方地面教育来做新东方网络教育，不然就死掉了。总而言之，地面教育不会消失，但是它会被网络教育所冲击。

其实，早在2000年新东方就成立了新东方在线，开始将教学搬到互联网上，是中国最早做在线教育的培训机构，也是发展最稳定的在线培训机构之一。"新东方培训有两条路线，一条是面授，另一条就是互联网。"俞敏洪说。

俞敏洪认为，互联网教育将带来更丰厚的利润，因为随着规模的扩大，面授中教师、师资和管理成本在增加，但互联网教育只要达到一定规模，利润就会翻着跟头往上涨。"要做就要做出规模来。"俞敏洪说，"我宁可只做几个产品，但是有几十万、几百万人在用，而不是做几十个产品，只有几万人在用。"

现在，随着移动互联网时代的到来，新东方在互联网教育方面又划分为通过电脑终端进行的传统互联网和通过手机终端进行的移动互联网来实现。"互联网是基础和未来，"俞敏洪说，"新东方正在尝试形式多样的互联网教育，特别是发挥新东方的'兴趣教育'特长，把娱乐和学习结合起来，这个事做成了，都可以独立上市。"

另外，在网络教育方面，俞敏洪预见，未来最大的网络教育体系将是平台提供商。如果在线教育把内容和平台一起做，最后肯定是要死的，因为不可能同时做两件事情。一方面是因为不可能有那么多资金投入，另一方面，由于做平台的思维和做教育的思维是两种思维，就算有那么多的资金，也没有那么多的人才。

拓展透析

由权威咨询机构发布的《教育培训行业报告》所统计的数据显示：2009年，中国教育培训市场继续保持高速增长，整个教育培训市场总值约6800亿元，相当于中国当年GDP的1/50；到2012年，整个教育培训市场规模已达到9600亿元，每年复合增长率将达到12%。由此可以看出，中国的教育培训市场仍然是巨大的。

然而，民办教育要想在这一巨大的市场上"切分蛋糕"，在拥有机会的同时，也将面临巨大的挑战。因为在"互联网将改变一切"的时代背景之下，许多传统行业都将受到巨大的冲击，教育培训行业当然也不例外。网络将会改变整个教育培训行业的用户流向、机会风险分布、商业模式和运营模式。在这个问题上，教育公司的业务运作和经营管理互联网化必将成为大势所趋。

当然，正如俞敏洪所说，未来的教育网络化，离不开两大因素：内容和平台。在此基础之上，优质、丰富的精品内容是核心的制胜武器；而平台商业模式的精髓，则在于打造一个完善的、成长潜能强大的"生态圈"。

但是，能够将两者都做得非常好并不容易，尽管实力强大如新东方，也要根据自身优势选择"内容为王"。这样，优质的内容必将呼唤强大的平台，这两者的整合，将成为教育培训行业互利共赢的经典合作模式。

现在，不管是新东方、学而思，还是学大，都看到网络对于教育的意义，看到了电商模式的趋势所在。所以，很多教育机构的选择殊途同归，都在走"线上+线下"相结合的道路。但是，线上与线下具体如何结合，他们选择的方式并不相同。

比如，学而思是采用水泥加鼠标的方式，将线上和线下结合起来，线上基本不做业务，只是一个公益的平台，为线下服务。学大则是线上PPTS管理平台加线下一对一个性化辅导，其PPTS管理平台是学大内部业务管理系统，相当于ERP，包括业务管理、信息管理、财务管理、人力资源等模块，同时PPTS也是基于互联网、对学生课外辅导学习管理平台。而同样作为教育机构的清大世纪教育则是以"以产品为导向，让平台活起来，使渠道通下去"为指导，做了不同的选择。

清大世纪教育集团成立于2003年，以"专注教育服务，专业服务教育"为经营理念，致力于打造中国教育资源最全、受众群体最大、服务质量最好的"网络连锁教育服务超市"——网上教育服务和终生学习平台。

自创立以来，清大世纪就以"线上+线下"的教育模式在做教育服务。清大学习吧就是其成立以来，经过多年的资源储备、优秀的教育经验总结、充分的市场调研、资源的优化整合，重点开发的"线上+线下"互动学习平台。

清大学习吧品牌在业内早已如雷贯耳，它是清大世纪在融合以名校为依托的纯"网校"教学，及以面授辅导为主的"授课班"教学的优点的基础上，通过"网络+门店+清大学习中心"创新服务模式，以连锁加盟的方式推广，为中小学生提供全方位、立体化的课外教学辅导项目。

这种模式，让清大世纪很快在全国拥有4200多个特许加盟连锁机构及独立承销商，其教育服务网络与渠道体系，已经覆盖全国3000多个城市和乡镇，为全国无数学生提供服务。现在，清大世纪又着力构建"线下学习吧+线上学习吧+学习终端"的完整产品体系，即：

线下——清大学习吧实体教学点，学生与教师面对面，小班教学，个性化辅导，有针对性地解决学生学习的个性问题。

线上——汇集国内顶尖的教育资源，提供全面课程体系，提供学生及家长互联网、视讯通路"课前、课后、考试"等各个阶段学习课程。

学习终端——家庭学习吧，平板学习吧，手机学习吧。

如今，清大世纪历经10年发展，基于自身优势，在排除做内容和地面教育的非强项之后，选择了致力于平台战略建设——搭建国内领先的个性化、交互式、数字化立体教育服务平台。

清大世纪的服务模式是立体复合的，这种复合模式的特点是：

1. 产品的丰富性：网络产品（同步课程、黄冈课程、地方课程、特色课程）；功能性产品（教辅图书、光盘、平板电脑）；服务性产品（播音主持考级、游学卡、招生等）。

2. 市场的拓展性：一二三线城市，各个地区；学前、小学、初高中、大学、成人课程；教育周边产品。

3. 项目的相融性：从PC端到移动端；从店面学习产品到家庭学习产品；从学习到旅游；从直销到促销。

4. 主体的多样性：总部、各级代理、经营者、教师、兼职推广人员等。

而复合模式的最好承载体就是——大平台。其好处是，产品可拓展性更强，各个产品的融合更容易。因此，与其他教育机构模式单一（仅是点播）、来源渠道单一（请人做录课，自产自销）的平台相比，清大世纪能够多管齐下，如征集课程自动录播、教师主动参与、机构入驻等。这样，优质的内容植入清大平台，就能够产生很好的平台效应，让更多的人分享到优质的教学资源。比如，黄冈教学资源在清大世纪平台上的立体呈现，立刻受到广大学生的欢迎。

现在，作为网上开放式的教育平台，清大世纪可以为任何拥有资源的教育机构提供平台服务。模式如同天猫商城，即内容提供商把课程放在清大世纪教育服务平台上，通过清大世纪多种体验式学习模式和多个清大学习终端产品推向用户，产品售卖后，内容提供商享受主要收益，平台方收取少量服务费。

除此之外，清大世纪还以"整合大平台，玩转大数据"为理念，在教育界首开"跨界整合"先河。比如，以"立体课堂"为代表的图书产品，以"游学卡"为代表的O2O产品等，都具备强大的竞争力和广阔的市场前景。

这样，清大世纪不以简单的C2C来取代B2C和B2B，而是让B2B、B2C、C2C、O2O等模式共存，让自有的多个小平台托起整个大平台，从而实现其资源整合、产品融合和市场契合的大平台战略。

guan jian shi, yu min hong shuo le shen me

Article 03

第三篇

关键时刻之管理，戴着脚镣跳舞

管理是一种程序，领导是一门艺术

第七章　管理就是心平气和地做事情
第八章　要有体系和制度，按规矩办事
第九章　新东方的成功是用人的成功

第七章
管理就是心平气和地做事情

第一节 从"家族企业"到"现代公司"

> 从"家族企业"到"现代公司",新东方的每一步都是鲜血淋漓。

我从没想过把老婆赶走,因为新东方就是我们一起干起来的。但是徐小平、王强这帮海归特别无情无义,来新东方没多久就说,老俞你必须与"家族企业"彻底决裂,把母亲妻子、亲戚老乡通通清理出去。

坦率地说,当时我是有抵触情绪的,我很气愤,这帮人真是不讲情义,我刚把你们请回来,你们就把我家里人弄走,再过段时间是不是把我也弄走?为此,我反抗了很长一段时间。

今天,我不得不承认,他们是对的,他们看得远。从"家族企业"到"现代公司",新东方的每一步都是鲜血淋漓。

——俞敏洪2009年在首届新东方留学高峰论坛上的讲话

背景分析

1998年,俞敏洪36岁,在人生的第三个本命年,俞敏洪的处境非常糟糕。这一年8月,俞敏洪遭到抢劫,损失现金200多万元。年末时,以徐小平、王强为首的海归派,开始向俞敏洪激烈叫板,"逼迫"他将妻子、母亲以及亲戚等家庭成员,请出新东方。

第三篇　关键时刻之管理，戴着脚镣跳舞
管理是一种程序，领导是一门艺术

新东方最初是由俞敏洪和妻子一桌一椅创办起来的，后来俞敏洪邀请了王强、徐小平等一系列海归人士加盟，从此，新东方逐渐由"个体户"向"合伙人"转变。企业做大以后，就会面临很多问题，其中最大的一个问题就是新东方的"家族气息"过于浓厚。

1993年，新东方已经运作得很好，俞敏洪便把独自在老家的母亲接到北京生活。很快，新东方的员工发现俞敏洪的母亲是一个很积极的人，闲不住，而且老太太把新东方看作是俞家的私有财产，没事就跑到新东方看看，希望替儿子减轻负担。渐渐的，老太太也会帮着做做管理，看到不合适的地方，她会忍不住"指挥"员工改进改进，时间一长，员工们都不乐意了。

俞敏洪是个孝子，对母亲很顺从。他自觉亏欠母亲太多，所以，能让老太太高兴的事总是尽量去做，因此对于王强、徐小平等人的意见，他虽然觉得有道理，但还是没有办法做到。

王强和徐小平不断施压，坚决要求清除公司里的"裙带关系"，俞敏洪就这样被他费心请回的海归们推到了转折关头，一边是至爱亲人，一边是北大密友，他该怎样取舍？俞敏洪的内心很痛苦，但是眼见着新东方的核心团队即将瓦解，俞敏洪意识到了问题的严重性，便立即与公司领导层共同拟定了一份《公司回避原则》，规定直系亲属一律不能在公司工作。

然而，俞敏洪的母亲对此并不买账，后来发生了一件"惊天动地"的事，老太太才改变了心意。那一天，老太太把俞敏洪的姐夫叫到新东方工作，因为没有经过批准，他没有办公设备。老太太大怒，要求俞敏洪为其配备办公设备，王强和徐小平也在场，俞敏洪当时很犹豫。老太太见状，更生气了。这时，俞敏洪突然一下子站了起来，让现场的人意想不到的事情发生了，这位新东方学校的校长，扑通一声，当着众人的面，给母亲跪下了。

老太太心疼儿子，终于同意撤出新东方。俞敏洪为了安慰母亲，在公司里另外为她安排了一个小房间，让她有时间来新东方转转，排遣

寂寞，但是不能干预新东方的事务。至此，新东方的"家族色彩问题"才告一段落。

除了老太太，俞敏洪的妻子、小姨子、姐夫也在新东方工作，虽然他们参与的只是新东方外围的业务，并没有真正参与新东方的决策，但是按照《公司回避原则》的规定，他们也在请退之列。

俞敏洪的妻子是创办新东方的元老，但是为了自己的丈夫，她只能表示支持。最后，俞敏洪将离职后的妻子和女儿一起送到了大洋彼岸的加拿大。

安顿好家人后，俞敏洪还需要请退小姨子。得知消息的俞夫人不同意，她说："你最困难的时候，是谁在帮你？你让我退出新东方，看在孩子需要我照顾的分上，我让步了。现在你又不分功劳苦劳一竿子打翻一船人，为什么？"面对妻子的指责，俞敏洪沉着脸说了一句话："为了咱们的新东方，我只能这样。"

接下来，俞敏洪需要"清掉"的就是自己的姐夫，姐夫跟俞敏洪的关系很好，通过自己的努力已经是新东方高级管理干部——新东方书店总经理，没有依靠特权，凭自身能力让新东方书店扭亏为盈，连续三年赢利，突然一下子就被"清掉"了，工资从几十万变成一分钱也没有了。为此，俞敏洪的姐姐半年没有理他。

那一段时间，俞敏洪瘦得很厉害，因为压力太大，从情感上说，确实让人难以接受，但俞敏洪还是坚持下来了。别人问他原因，他说："我完全不反对家族企业，国外有很多大的家族企业一做就是几百年。怕的是它只用家族人，只相信家族人，管理又不规范，每个人都像总经理。中国人往往把握不好这个度，所以特别容易导致一个家族企业内每个人都像总经理。""做到今天我老婆理解了，说没有当初那么几下的话，新东方做不到今天。"

俞敏洪意识到，进行现代化企业模式的运作，推行现代企业制度，必须请直系亲属退出企业。当俞敏洪把自己的亲人们"清"出新东方的时候，也标志着新东方开始从一个家族企业向一个现代化企业转变。

拓展透析

中国的家族企业可谓源远流长,最早可以追溯到春秋吴越时的范蠡。他协助越王勾践灭了吴国之后,"乘扁舟浮于江湖",与儿子一起经商,成为巨商,史称"陶朱公"。后来的晋商、徽商等中国商人,无不是家族式企业的代表,为中国模式的家族企业积淀下一脉相承的历史渊源。

改革开放后,中国民营企业得到空前的发展与壮大。然而,随着经济全球化进一步发展,国内外企业竞争加剧,家族企业的弊端也越来越明显。正如新希望集团总裁刘永行所说:"家族企业最大的弊病就在于社会精英进不来。企业的最高位置都是自家人,外面有才能的人进不来,而且一家人的思维方式多少有些类似,没有一个突破点。大家各有各的想法,要决策某件事就很难,容易耽误商机。"

就目前来看,家族企业的"硬伤"主要有以下几点:

首先,随着家族企业的成长,其内部会形成各类利益集团,由于夹杂着复杂的感情关系,领导者在处理利益关系时会处于两难的境地。管理者很难像处理普通员工那样处理犯错的亲属和家人,这给企业内部管理留下隐患。

其次,家族式企业对外来的资源和活力有排斥心理。由于难以吸收外界的优秀人才,企业更高层次的发展会受到限制。

另外,家族企业缺乏科学的决策程序,容易导致决策失误。随着企业的发展,竞争环境的改变,企业以往的成功经验开始失效,投资的风险越来越大,如果没有民主、科学的决策,企业将会非常危险。

如何克服这些弊端,挣脱家族企业管理的桎梏?已成为困扰当前众多家族企业的问题,也成了决定家族企业走向的关键之一。

美国汽车巨头福特公司是典型的成功的家族企业,但在2006年,福特公司出人意料地宣布,波音前副总裁艾伦·穆拉利从福特家族传人比尔·福特手中接过"帅印",担任福特总裁兼首席执行官。这也意味着,在49岁的比尔·福特执掌这家由其曾祖父创办的企业5年之后，福特家族又一次把CEO的位置让给了职业经理人。

比尔·福特"让贤"的理由是即将"空降"的职业经理人穆拉利比自己更有能力将福特做好，他在管理以及扭转复杂制造业务方面拥有丰富的经验。这是最吸引福特的地方。穆拉利在给员工的信中指出："很显然，波音最近几年面临的很多挑战与我们的处境相似。"他说，福特公司必须认识到"要想实现振兴，领导人必须有带领大型制造企业应对类似挑战的经历"。

福特的经验认为，根据企业的具体情况，企业不必刻意地清除家族成员，也无须把所有位置都换成职业经理人，但是要严格把握用人标准：放一个人在这个位置完全是因为他的才干。因此，家族企业解决管理难题的方法最重要的就是任人唯贤，大胆地引入职业经理人，建立完善的管理制度，逐步实现职业化的管理，最终突破家族企业封闭式管理模式。

第二节　管理需要以他人为中心的宽容

新东方要做的，就是给予大家足够的宽容。

要是读过西方著名的思想家、历史学家房龙所著的《宽容》，你就知道人类文明能到今天，人类之所以能延续到今天，就是因为人类之间的宽容。每一次的不宽容都会带来人类的黑暗时期；而每一次的宽容即使带来混乱，但最终一定会带来人类的文明和发展。

新东方要做的，就是给予大家足够的宽容。我们会有严格的原则纪律，会有规范的制度约束，会有业绩增长的压力，但是到现在为止新东方能有这样一个团队，就是因为宽容。我本人会更加有原则，要求大家做事情也会更加严格，但是我不会失去我的宽容。

——俞敏洪2004年在新东方高管会上的讲话

第三篇 关键时刻之管理，戴着脚镣跳舞

管理是一种程序，领导是一门艺术

🎨 背景分析

在《宽容》这部展现人类思想发展历史的作品中，房龙从人文主义的立场出发，探寻了人类精神上不宽容的原因，以及宽容的重要作用。这本书对宽容的深刻解读，使俞敏洪深受影响。

俞敏洪有一个雅号叫"思过斋斋主"，他的家就是思过斋，意思就是让俞敏洪面壁思过的地方。很难相信，堂堂新东方的CEO也要面壁思过，而且批判他的都是他的部下。

俞敏洪说："在新东方，没有任何人把我当领导看，没有任何人会因为我犯了错误而放过我。在无数场合下，我都难堪到了无地自容的地步，我无数次后悔把这些精英人物召集到新东方来，又无数次因为新东方有这么一大批出色的人才而骄傲。因为这些人的到来，我明显地进步了，新东方也明显地进步了。他们强迫我进步，因为我不进步，新东方就不会进步，就不会有前途。没有他们，我至今为止可能还是个目光短浅的个体户，没有他们，新东方今天可能还是一个名不见经传的培训学校。"

宽容是俞敏洪建设新东方团队的关键词。见过俞敏洪的人都知道，他有招牌式的微笑，他的微笑总能让人如沐春风，减少距离感。他自己都说："我从来不发火，总是笑眯眯的，所以我说话稍微严肃一点儿，下面人就受不了了，觉得出了什么事情。"

"对所有人犯错误的宽容，对所有人成长时间的宽容。玫瑰花在冬天是不会绽放的，在那个季节它看上去像一堆枯萎的杂物，但是，只要拥有雨露阳光，它就会开出最美丽的花。要知道你是生活在每个人看自己都高、看别人都低的世界之中，忍受和宽容是必要的。我们要做到的，就是宽容，宽容产生一切。"俞敏洪式的宽容，就是容忍个性的放荡，允许观点的另类，容许思想的自由，包容异端的存在。

而正是这份宽容与爱，才把"各路神仙"吸引到俞敏洪身边。在新东方这样一个知识分子密集的企业里，"牛人"老师有很多。他们往往个性

张扬，喜欢宣扬自己的理论，平时互相之间的语言攻击很多。

俞敏洪很清楚这一点，他知道新东方人大多是性情中人，很多人从来不掩饰自己的情绪，也很少愿意主动迎合他人的想法，打交道也都很直接，有什么说什么。因此，他在管理上也很放得开。

然而，正是这种相对宽松的管理方式，让新东方形成了一种批判与宽容同在的氛围：谁有错，就直接批判；而批判之后的相互谅解与合作，则形成宽容，于是，大家互相之间可以批判、可以争吵，但是彼此之间不记仇、不记恨，只从事情本身出发来公正地对待问题。

拓展透析

任何一个团队，总是由两部分构成：领导者和非领导者。虽然具体到工作中的每一个角色，但这一界限并不清晰，例如在技术研发中，只有技术工程师，才是起着决定性领导作用的人，团队负责人，则是扮演辅助、监督、保障角色的成员。但是，在如今的社会中，产品和团队面临的人物千差万别，时刻发生变化。一个人不论如何能干，精力都是有限的，这就决定了在一个团队中，每个人的角色都不可能总是固定不变的。

因此，管理专家倾向于认为，领导者不一定是管理者，只是一种动态化的任务角色。好的领导者，必须拥有较强的灵敏度和适应能力，具备良好的宽容个性要素的心态与能力。

领导和管理角色的高度不确定性，外部市场需求的复杂性，使得以个人为中心的管理执行方式，受到了空前的冲击。建立在人与人相互依赖，以他人利益为中心之上的认知模式，更有利于角色的呼唤，创新经验的沟通和分享。这样就能最大限度地保证每个人都是某一生产过程的管理者，也是被管理者，所有人角色的变化，全部依赖于产品和市场本身的真实需求。

在具体的管理中，只有宽容和借助他人的管理之臂，企业的领导者才能实现其目标。优秀的企业家，一定也是最能够了解他人，能够最大限度

第三篇　关键时刻之管理，戴着脚镣跳舞
管理是一种程序，领导是一门艺术

容人利己的人。

华为总裁任正非曾经在全球市场工作会议上说道："一个研发技术工程师性格怪僻，但他的工作只是一个人在实验室或在相对狭隘的范围里打交道，那么不宽容无伤大雅。一个车间里的员工与他人合不来不妨碍他施展技艺制造出精美的产品。但是，任何管理者，都必须同人打交道。有人把管理定义为通过别人做好工作的技能。一旦同人打交道，宽容的重要性就会立即显示出来。人与人的差异是客观存在的，所谓宽容，本质就是容忍人与人之间的差异。不同性格、不同特长、不同偏好的人能否凝聚在组织目标和愿景的旗帜下，靠的就是管理者的宽容……"

华为之所以能够上下一心，时刻进取向上，与领导者能够站在员工角度思考问题的宽容方式是分不开的。"只有宽容才会团结大多数人与你一起认知方向，只有妥协才会使坚定不移的正确方向减少对抗，只有如此才能达到你的正确目的。"任正非对余承东的重用，很好地诠释了这一原则。

在一向讲求低调务实风格的华为，余承东是一个另类，行事一向大胆，不按常理出牌，个性高调。一个团队负责设计的一款名为华为Emotion UI的产品，让人不满意。余承东立刻发火："脑子简直进水了！不是研究生、博士生，搞不明白这个（产品设计）的逻辑。"私下里，这个被委以华为终端服务公司董事长的人，甚至还被团队员工称作"余疯子"。

为了在手机业务上赶超先发的竞争者，余承东曾经十分苦恼，甚至高调地在微博上透露不满："现在团队方向一致，进取拼命团结，不扯皮，不制造部门墙，不会有太强的自我防护意识。可过去有一段时间我感觉像跑接力赛，跑完了把棒子一扔，接不住是别人的事，没有很好的合作精神，难以发挥出团队的战斗力。"这等于和他的上司乃至合作伙伴，公开对抗。

在华为并不太熟悉的无线市场上，余承东显然还是一个需要时刻提携以帮助华为实现战略转型的新人。就在人们担心余承东会走麦城时，各种传言纷纷而来时，任正非的信任和宽容给了他最大的帮助。在余承东最困

难的时候，任正非亲自上阵，在高管层面上调停此事，亲临余承东业务第一线考察指导，甚至不惜大动干戈，以轮岗制度，撤掉绊脚石。

正如华为内部人士所感叹的：对于一个在团队内部，始终掌握强势话语权，大多数华为员工与之交流都感觉困难的人，也只有任正非这样的人，才能以宽容的方式，让他在华为安身立命，闯出一番事业。

任何一个管理者，其领导的目的无非是让被领导者遵从和追随。但真正的遵从是发自内心的，它是领导成功的保证。宽容能力就是一种领导者的影响能力，这种因宽容而形成的"宽容领导力"是成功的基础所在。

第三节　在利益和人情之间寻找平衡

我经营新东方，老是在利益和人情之间找平衡点，到今天为止，我还在找这个平衡点。

我发现，企业要干好，关键在于三大块儿，一是利益，二是权力，三是人情。但是，当时（创业之初）我是个体户，我只要抓住两点，利益和人情。权力不用说，就在我手中，用好了就伟大，用不好就拉倒。

我经营新东方，老是在利益和人情之间找平衡点，到今天为止，我还在找这个平衡点。当然，利益要放在第一位，假如我给你的利益，超过了别的地方给你的利益，那么，你留下来的可能性就比较大。因为，当时我意识到，只要我手下有老师就什么都行。

同时，在给你利益的情况下，我再给你人情，你就会很舒服，你就不会到别的地方去。当时，我的人情比较低级，就是请老师吃饭，喝酒，出去玩儿。我们是哥们儿，是兄弟。我当时就是在这种浅层次上，用利益和人情调整关系的。

——俞敏洪2000年接受媒体采访时如是说

第三篇　关键时刻之管理，戴着脚镣跳舞
管理是一种程序，领导是一门艺术

背景分析

2000年，新东方的经营开始发生质的变化，新东方的规模一天天扩大，公司中精英荟萃。这一年是最考验俞敏洪的管理智慧和耐心的一年，也使新东方以一种近乎地震的方式，终结了长期的"人治"管理模式。

一年前，俞敏洪重新担任董事长，将主管日常教学工作的王强提升为常务副校长，由此点燃了徐小平和王强、徐小平和俞敏洪的排位之争。徐小平和王强在这之后，竟然抛开俞敏洪，直接爆发了激烈的争吵。一番对峙，惨然相向，两人竟相拥而泣。俞敏洪的两大伙伴的冲突，无果而终，直接导致他们从沮丧中将矛头指向俞敏洪。

此时的俞敏洪，还缺乏成熟的团队管理经验。至于新东方未来如何才能调和各方，合作向前，俞敏洪还在摸索当中。俞敏洪读了不少管理著作，但他最欣赏的是《老子》《孟子》《三国演义》。从传统的"人治"的历史经验入手，俞敏洪一点点地经营合伙人之间的人情和事业、权力和利益。

感情是俞敏洪、徐小平和王强走到一起创业的纽带。某种程度上，三个合伙人，是类似于"三人聚义"的"朋友加兄弟"关系。但为了避免冲突，俞敏洪又认为，亲兄弟也要明算账。每人分一个领域，泾渭分明，利益冲突少，人情与利益兼顾。

俞敏洪后来回忆说："我认为好朋友一旦进入利益纠纷状态，就玩完了，所以他们从国外一回来以后呢，我就选择了每人承包一块，自己干自己的，在新东方这个屋底下，一起干。……就这样干那么三五年，大家觉得干得挺不错。"

然而，当新东方的规模扩大后，人情和利益兼顾的分治原则，已经越来越成为新东方发展的绊脚石。俞敏洪的人情和利益平衡点，也越来越难以把握。此时的俞敏洪以为，不论什么时候，他的同伴都是志同道合、思想境界处于同一水准的人，对未来的追求相似，可以在思想的层面谈利益，自然冲突较小。

大家在思想层面上有共同的利益，也因为感情的关系。"王强、徐小平从来不把我当作上级的，他们都以为他们是我的上级，在管理上不能令行禁止。这就使后来者也养成了这样的习惯。"俞敏洪承认，在以友情为基础的结构里，命令和指挥是行不通的，只能通过友情来权衡利益和权力。他也相信，通过友情和人情的平衡，自己可以影响管理，整合各方的积极性。

而2001～2004年新东方的变局，很大程度上是一个利益分配的问题。此时新东方进入高增长期，教师日进斗金，钱多了，诱惑也增加了，俞敏洪以情感线牵着的团队利益，也开始出现松动断裂的地方。

2000年，北戴河会议，俞敏洪随意道："《三国演义》看多了，有时候不自觉地用三国谋略来思考和行动。"结果徐小平立刻抓住不放："我看了三国才知道，导致王强和我发生这样严重的冲突，原来是你使用了曹操使用过的计策，借刀杀人。"

王强和徐小平后向俞敏洪递交辞职书以后，曾经的上铺的兄弟包凡一也跟着辞职退股。2004年，新东方的台柱胡敏、江博相继出走。"盟友"的"造反"，将新东方推到土崩瓦解的边缘，俞敏洪的事业也陷入四面楚歌的困境。

因此，俞敏洪不得不去处理众人之间的利益关系。俞敏洪意识到，这个时候需要有一个新的组织结构出现，只有各归其位，才能把每个人的特长发挥到极致。否则，很可能形成一个矛盾圈和是非圈。

随着新东方的发展，他们不得不将利益又合在一起。因为如果不这样做，新东方就没办法继续做下去。而这种利益的结合就形成了股份制的结构改造。

多年以后，在新东方提倡制度化管理的陈向东担任总裁后，淡出日常管理的俞敏洪总结说："友情上注意分寸，保留一份关心与交流，不要过于求助于友情，让友情卷到痛苦与矛盾中来。"

面对外界的批评和失败，俞敏洪对于人情和利益也有了更加深刻的看法："我太注重友情，太注重别人的感觉，我这个性看上去是宽容，过分了就是纵容的感觉。但是我没有办法,改不了,以至于新东方的管理结构没法建立,因为管理结构最重要的就是令行禁止,说一不二,我做不到。"

而靠情感和人情分配权力和利益,这种"人治"管理方式在新东方的终结,也说明了一个问题:人情和利益的平衡,真正的企业管理实践,远不是《三国演义》中某些策略能够应付得了的。

拓展透析

现代管理理论和实践证明,在创业初期,"人治"模式可能最有效,且最富人情味,可以最大限度地调动员工、合伙人的积极性。大部分的高科技创新企业,都以同学、同事、朋友合伙的方式建立。共同的理想、志趣,是创业的基础,也是产品创新的天然源泉。

创业公司的规模一般十分小,沟通和决策成本都很低。通常10人之内的微小企业,负责人和团队下属几乎可以做到面对面、无边界限制地进行讨论,解决问题,领导者的意志和激励,都能够第一时间传达到下属和团队内部。在这种条件下,既不需要专门的制度和严格的等级约束,也不需要繁杂的规章监督执行过程。研究表明,一个人的管理幅度,最多不应该超过7个人。

类似苹果、微软、FACEBOOK这样典型的合伙合作制高科技创业公司,创业的共同基础往往是团队组织成员间共同的价值观和志趣爱好。人与人之间的关系、交流的程度,决定了创业的前景和潜力。背景迥异、技术条件差异巨大的团队成员,除去人情外,在其他方面则很难找到共识。只有综合各方的志趣,团结一致,协调一致,才能维持团队稳定。因此,"人治"模式,自然而然地符合创业初期阶段的管理要求。

但是,创业不可能永远停留在第一阶段。随着企业的成长,利益和回报率的增加,迫切地需要合理的分配,才能让企业进一步壮大,团队组织的凝聚力,就需要新的共同基础。绝大多数创业团队的衰败和解散,恰恰是在人治模式向制度治理模式转型过程中发生的。

从根本上说，人情管理到制度管理，本身是一次管理上的质变，任何以"人治"起步的企业都要为此付出必要的代价。人治的核心，从根本上是价值观主导的管理方式，一切利益分配围绕关系而定。制度管理，则是价值主导，一切利益分配围绕资本或者权力来源运转。一旦关系和制度不容，冲突必然难以避免。这当中，我们不得不提及苹果两大合伙人，乔布斯和沃兹尼阿克的戏剧性的创业经历。

乔布斯和沃兹尼阿克两人早期合作十分愉快，两人深受伍迪·艾伦的影响，都是辍学生，一直有着很深的友谊。沃兹尼阿克担当苹果技术主要负责人，乔布斯则负责管理和营销。苹果公司在两人的合作下，陆续生产出了划时代意义的两代苹果电脑。但随着上市后财富的暴涨，两人在人情利益分配上的分歧也开始公开化。

乔布斯为人强势，着眼于未来，主张以期权激励新人，刺激人才加入公司，拒绝给元老级的员工股份。而作为元老的沃兹尼阿克，更看重人情，他对公司的唯利益导向、命令式的管理，十分反感。

在乔布斯拒绝给一个工程师分股后，沃兹尼阿克削减了自己的股份，让给这位工程师。沃兹尼阿克认为："他们对公司的发展非常重要，却没有一丁点儿股份。我由衷地感受到，他们就是我们那个充满活力、激情的团队的一分子，我们一起探索电脑的奥妙，一起奋斗，一起做着十分正确的事情。想想看，如果有人陪你一起熬夜加班至凌晨两点钟，帮助你编写一些代码，还为你们的成果喝彩，'哇哦，这真是太酷啦！'这些鼓励的话语对于他们来讲，意义重大。"

但在乔布斯眼中，沃兹尼阿克这是和自己公开唱对台戏。此后，乔布斯在各个场合开始限制沃兹尼阿克的研发活动，两人的关系从此若即若离，走向冰点。

正是因为对于公司前景看法的差别，以及价值观的差异，乔布斯与沃兹尼阿克渐渐疏离。在由此引发的一系列重大转变中，不仅沃兹尼阿克和乔布斯这对过去的好伙伴分崩离析，苹果更是为此付出了巨大的代价，一度陷入混乱。伟大的公司尚且如此，更别说其他了。

优秀的企业家如果不能避开利益、人情的"私心"干扰，就很可能断送企业前程，最好的方式是从一开始就把人情和利益划清。

第八章
要有体系和制度，按规矩办事

第一节 吵到不可开交，然后产生规矩

规律都是互相争、互相吵，最后吵到不可开交的地步，然后产生规矩，很少有机构说我把规矩全定好了，任何东西都可以放进去不用变。

经济观察报：大部分的创业型公司都会面临这个问题，创业期大家靠激情来做事，都很高兴，也没有利益分歧，但之后会面临一个制度化、规范化的过程，很多人会觉得很难受，这个过程怎么完成？

俞敏洪：这个过程新东方已经完成了。制度化和规范化的过程，新东方从2002年开始做，先把老一代人弄得半死不活。老一代人感觉上最难受，为什么？因为我们自由惯了，后来要制度化、规范化，所以老一代人到接近上市的时候，就全部退出去了。原因很简单，上市以后的规矩我们这一代人不太能够执行。我之所以没有退出是因为上市公司的需要，以及新东方现有业务发展的需要，我是新东方的一个象征。

对于个人而言，我的弹性比较大，所以还是比较愿意接受系统化、规范化的训练，我不是真正的文人，真正的文人是不太愿意受这种束缚的：每天工作多少小时，每天的任务必须完成，几百封E-mail必须处理……新东方老一代的其他几个人都不行，他们宁可天天吟诗作画，也不愿意做这么琐碎的、具体的业务。

现在第二批上来的团队，他们进新东方的时候，已经受到了制度化和系

统化的约束，所以他们很自然地可以接受。现在新东方在进一步规范化，大家还是觉得有点难受。因为到美国上市以后，"萨班斯法案"第404条款就是关于内部控制，要求极其严格，新东方为了达到它的要求，已经花了将近2000万人民币，每一个人都像脱了一层皮一样。

比如说，想买一支圆珠笔，原来我们就买了，几个本子、几个圆珠笔，那还用谁批啊，就这几个钱。现在如果被查出来没有得到批准的话，这叫损害股东利益，公司的信誉度就会下降，你的股票就跟着下跌。那么严密的管理我们从来没经历过，所以现在在本土的所谓规范化、制度化基础上，又开始更深一个层次的规范化和制度化，还是蛮难受的。

经济观察报：比如说，在2002年第一次转变的时候，你怎么说服大家？

俞敏洪：那是吵出来的，哪说得服？其实很简单，任何一个国家的制度化，都是一个不断地互相摩擦最后健全、再摩擦再健全、螺旋上升的过程。公司也是一模一样。规律都是互相争、互相吵，最后吵到不可开交的地步，然后产生规矩，很少有机构说我把规矩全定好了，任何东西都可以放进去不用变。

——俞敏洪2008年接受《经济观察报》采访

背景分析

新东方发展到2000年的时候，面临着转型的问题，因为大家都意识到公司必须按照正规的公司章程来运营，不能再像"草莽"阶段的新东方一样，你干你的，我干我的。于是，2000年5月，新东方公司化改造正式启动，注册了由校长、副校长和一些名牌教师等11名股东组成的"东方人科技发展总公司"。

公司成立后，无论在内部结构还是利益分配上，都发生了很大的改变。比如说，大家原来占据的实实在在的地盘，现在变成了抽象的公司股权；新东方学校在法律上规定为"私立公有"，也就是说，股东们只有使用权，没有所有权；根据公司股权设计，俞敏洪占有绝对的控股地位，其

第三篇 关键时刻之管理，戴着脚镣跳舞
管理是一种程序，领导是一门艺术

余10位股东只能分享剩下的股权，俞敏洪成了"独裁者"，是新东方的主人，而其他人变成了俞敏洪的"雇工"。

这样的结果让新东方的创业元老们很不满意，于是，矛盾开始频频出现，原本在同一个屋檐下相安无事的合伙人，面对利益和职位、权力的分配不均，开始产生各自的想法，新东方陷入利益纠葛之中。

2001～2004年，新东方迎来最痛苦的时刻。用俞敏洪自己的话说，就是"打架阶段"。俞敏洪说："创业之初的伙伴们在新东方日进斗金后，不再像以前一样安于自己的分成，逐渐产生了利益纠葛。由于以前没有一套机制来规定剩余利益的归属，大家开始了争执和吵闹。"

除了俞敏洪，其他的小股东为了防止俞敏洪的权力过大，推选了王强担任新东方CEO，而"实际上王强连财务报表都读不懂"，又推举以王强为首的董事会成员组成"CEO联系会议"，将俞敏洪排除在会议之外；以前和俞敏洪关系很好，亦师亦友的徐小平3个月没有和俞敏洪说话……

这一切让看重友谊的俞敏洪感受到了前所未有的压力，在那段争吵不休、相互争论的时间里，俞敏洪整天吃不下，睡不好。在友谊和利益的纷争之中，俞敏洪几次面临绝境，现在的他回忆起这段经历时，用了"很多次都差一点崩溃"来形容当时痛苦而复杂的心境。

在这种情况下，俞敏洪意识到现代体制的重要性，他想，如果将这一次矛盾冲突处理好，新东方也许能获得一种更清晰、更有力的发展模式，朝着一个更健康的未来前进；否则，新东方将可能面临盛极而衰、瞬间分崩离析的结局。

于是，在当时连"有限公司"和"无限公司"都分不清楚的情况下，俞敏洪下狠劲攻读了几十本企业经营管理的书，到处请教专家学者，以求找到一个打破僵局的好办法。在巨大的压力之下，俞敏洪不仅找到了一个打破改制僵局的好办法，而且显示出超人般的魄力。

在众位元老"搞不定"的情况下，俞敏洪重掌新东方，以令众人刮目相看的魄力结束了这次内部争斗。他重新梳理了新东方的权力结构，并定位新东方的发展方向，以"打碎一切，从头再来"的举措迅速建立起一

套新的薪酬体系和组织结构，正式将新东方上海分校和广州分校等收归"中央"，确立了期权制度，并通过了年底分红的股东协议，解开了小股东心头的利益疙瘩，从而稳定了军心，力挽狂澜，将新东方从生死线上拉了回来。

于是，经历了大开大合的股权重组、内部整合，加上外部危机刺激新东方团队团结的压力，新东方最终没有崩盘。徐小平和王强，最终以董事的身份，留在新东方，这场持续了4年之久的争斗终于告一段落。

拓展透析

团队里各人个性不同，价值观不同，习惯不同，所以团队成员之间的冲突时有发生。不过，并非所有的冲突都是坏事，有时候不同的观点彼此激荡才能迸发出改进的火花。如果有一天团队各成员都可以自由表达自己的心声或喜恶，或者不把这视为一种"毒瘤"而是视为一种健康的表现时，整个团队必会因为多元化而受益。

有了冲突虽不一定都是坏事，但也忽略不得，它听之无声，看之无影，却以一种无形的力量影响着人们的一举一动，如果处理不当，就会导致团队成员流失，绩效下降。所以，管理者必须高度重视团队中的冲突。

德国心理学家柏格曾做过一个实验，他带领12个10岁的男孩子一起外出游玩，并把他们分成两个相对独立的小组，各个小组内部通过互动活动，人际关系非常融洽。柏格通过分别向他们传递另一方对他们不好的评价，使得两个小组都对另一方不满。

当冲突明朗化后，柏格又尝试了很多方法让他们和睦，如分别向每组说对方的好话，邀请两组的孩子一起吃饭、看电影，让两组的组长坐下来讲和，但均以失败告终。他们要么是拒绝这些信息，要么故意对抗，关系十分紧张，他们甚至对柏格邀请他们坐在一起而不满。

后来，柏格故意弄坏了他们乘坐的车子。这样一来，两个小组必须同心协力才能把车子推回去。因为他们年龄很小，力气不足，很多时候需要

第三篇　关键时刻之管理，戴着脚镣跳舞
管理是一种程序，领导是一门艺术

进行合作，最终两个小组的孩子通过友好合作而完成了任务。经过这件事后，两个小组之间彼此加深了了解，关系开始融洽。

这个实验为如何解决团队中不同集体之间的冲突，提供了一个很有效的方法：为他们设置一个共同的目标，促使他们之间加强合作，以此来增进了解，化解误会和纠葛。

在企业当中，管理者不能消除冲突，但可以引导冲突，寻找冲突的正面效应，把恶性的冲突变成良性的、积极有益的冲突，一场正面的冲突可以给企业和个人带来积极的结果。

多年前，盛田昭夫担任索尼副总裁，与当时的董事长田岛道治有过一次冲突。田岛道治负责皇室的一切事宜，是位老派的望族。当时，盛田昭夫的一些意见激怒了他，盛田昭夫明知他反对，但仍坚持不退让。最后田岛道治气愤难当地对盛田昭夫说："盛田，你我意见相左，我不愿意待在一切照你意思行事的公司里，害得索尼有时候还要为这些事吵架。"

盛田昭夫的回答非常直率，他说："先生，如果你和我的意见完全一样，我们俩就不需要待在同一家公司里领两份薪水了，你我之一应该辞职，就因为你我看法不一样，公司犯错的风险才会减少。"

由此可知，并非所有的冲突都是有害的。管理者应该多方位思考问题，看到团队冲突带来的好处。团队冲突能够充分暴露团队存在的问题，增强团队活力。冲突双方或各方之间的意见冲突和观点的交锋能打破沉闷单一的团队气氛，使冲突各方都能公开地表明自己的观点。

而且在这种交流中，不存在安于现状、盲目顺从等现象，冲突激励着每个人积极思考所面临的问题，从而易产生许多创造性思维，整个团队充满活力。这种活力能够保证团队在市场上的竞争性。

第二节　优秀的管理者应该像优秀的政治家

从一个政治家的高度来做管理，是每一个管理者都可以考虑的。

今天和大家进行交流，我想谈的主题是：一个优秀的管理者，要用政治家的高度来做管理。

提到政治家，大家想到的可能是政治手腕、政治运作，里面充满了手段、阴谋、陷害、权谋等。首先我想说，对于政治家的这些定义都是非常狭窄的，是中国一些政治斗争带来的后遗症和偏见。

在我心里，政治家绝不是权谋家，更不是阴谋家，而是为一个民族、一个国家的发展奠定了道德、伦理、价值观的人物；为一个社会的运营建立良好的、透明的、共同遵守的规则的人物；为一个时代建立政通人和的社会基础的人物，在家破国亡之时挽救民族于危难之中并推动一个时代发展的人物；用大心胸、大气度、大布局建立千秋伟业的人物。

这些人物中包括了中国历史上的周文王、汉高祖、唐太宗、赵匡胤（当然，中国的领袖或多或少带有权谋性质），在我心中更加符合标准的是美国的林肯等人，他们从很多角度来说都符合我上面和下面对于政治家的定义。

当然，我们到不了这个高度，也不一定有这样的机会来做他们做过的事情。但是，从一个政治家的高度来做管理，是每一个管理者都可以考虑的。

——摘自《一个优秀的管理者，要用政治家的高度来做管理》

背景分析

谈到如何做一名优秀的管理者，俞敏洪认为，一个优秀的管理者应该

第三篇 关键时刻之管理，戴着脚镣跳舞
管理是一种程序，领导是一门艺术

像优秀的政治家一样，具备这样的智慧和能力：

1. 拥有正确价值观和理想，并赋予行动的能力；
2. 具备高瞻远瞩的能力；
3. 对于规则的尊重能力；
4. 创造和谐共进的外部环境和内部环境；
5. 在最恰当的时候做最恰当的事情，说最恰当的话；
6. 任人唯贤，使用优秀的人，而不是使用自己觉得好用的人；
7. 抓住主要矛盾，关注次要矛盾，同时关注细节。

首先要说的是价值观及行动的能力，"一个政治家一定会有自己坚持的价值体系和理想，这一体系不仅仅被自己认可，同时也被周围的人和自己的部下认可。"俞敏洪认为，正确价值观是引导人们前行的指路明灯，作为管理者，其所表达的价值观既要说到也要做到，否则将很难使人信服，也难以树立领导权威。

高瞻远瞩的能力，考验的是管理者对业务长久思考的能力和全面布局能力。"我们不能只站在业务本身的高度做业务，就像一场战争，绝不是为了打一场战争而打战争，更不是为了打一场战役图一时之快。"比如，刘邦的目的是为了建国，局部的输赢对于他来说并不是最重要的；而项羽则沉浸于每一场战争的输赢中，缺乏整体的布局能力，所以必输无疑。

对于规则的尊重能力，是管理者必须具备制定规则的能力和遵守规则的意识。"一个优秀的政治家，一定善于制定大家都需要遵守的规则，并且这些规则能够同时管住自己。"俞敏洪认为，中国的王朝一次次失败，是规则的制定问题，更是制定规则的人缺乏遵守规则的意识，超越于规则之上导致的。

创造和谐共进的外部环境和内部环境，则是要求管理在外部环境上团结一切可以团结的力量，在内部环境上让大家和谐相处、各司其职，形成意见和建议公开交流的渠道，从而使整个团队氛围和谐友爱。

在最恰当的时候做最恰当的事情，说最恰当的话，是要求管理者像优秀的政治家一样，慎重地做出决定和随便行动，任何一个决定和行动，都

是领导组织走向良好的发展途径。比如一场战斗，早一分钟或者晚一分钟吹响冲锋号，结果就可能完全不同。而且，作为一个管理者，遇到棘手的事情不能不停地抱怨，而应该专注于解决问题。

能够任人唯贤，使用优秀的人，而不是使用自己觉得好用的人，是需要管理者善于用人，知道如何把合适的人放在合适的岗位上，而不是专门挑选能够服从自己的人。比如，优秀的政治家一般会从能力和德行出发来挑选人才，甚至挑选能够坦率批判自己的人，从而成就一番事业。

最后，俞敏洪认为，一个优秀的管理者要能够抓住主要矛盾，关注次要矛盾，同时关注细节。在企业众多业务中，如果善用"抓主要矛盾、不忽略次要矛盾"这一策略，很多事情就能够有效地梳理和快速地解决。除此之外，细节也同样不能忽视，在俞敏洪看来，"一个真正的政治家对于细节的关注是一种天生的能力"，因此，他们往往具备敏锐的观察能力，而这正是管理者必须具备的能力。

总之，如果一位管理者，能够具备优秀政治家的特质，那么他一定是出色的管理者。尽管俞敏洪如此阐述，但是他认为自己并不具备这样的能力，希望能够以此自勉，不断向"一个成为有理想、有高度的人"迈进，从而把事业做得更好。

拓展透析

在俞敏洪看来，一个优秀的管理者，就应该具备政治家的品质。像政治家一样的管理，是俞敏洪理想中的管理方式。实际上，这种想法在中国企业家中并不罕见。从某种程度上说，这也是管理学上一直企图寻求的管理模仿代表之一。客观地说，这种理想也许只是理想而已，在实际的企业管理中可能永远无法实现，如果刻板地追求很可能得不偿失。

管理说到底无非是人与人协作执行，完成预期目标的一种中介活动，必须讲求实效，对于一个管理者来说，垂拱而治无疑是一种至高的理想状态。但实际过程中，这几乎只是一种空想，现实中大量的人、物、资金、

第三篇　关键时刻之管理，戴着脚镣跳舞
管理是一种程序，领导是一门艺术

时间和地点差异，对于理想管理来说是不现实的。因为政治家完全可以不考虑生产的后果，不需要利润考核，可是企业家和管理者必须把利润作为目标。政治家只有价值观的压力，企业面对的却是价值观和价值的双重压力。

在手机领域，诺基亚曾经创造了奇迹。全世界销量过亿的11款超级畅销手机产品中，诺基亚就占了8款，但其最终因各种原因走向衰败。大部分人将诺基亚的失败归结为创新上的失败，其实不然。单论创新的速度和研发费用的投入、对创新的热度，诺基亚的指标一直遥遥领先，即便被微软收购手机业务时，仍然如此。20世纪90年代末，诺基亚曾秘密研发出一款平板电脑，无线连接功能和触摸屏已经全部配备。2003年以来，10年中诺基亚共投资400亿美元，这一数额接近苹果同一时期研发投入的4倍。事实上，诺基亚的奇迹和失败，却都是政治家类型的管理角色冲突宿命的见证。

1992年，约玛·奥利拉接任诺基亚CEO一职，他是一个有着超前思维，追求尽善尽美的管理者，相信技术和概念可以让诺基亚一往无前。他对外部经营环境的政治十分敏感，抢先一步，砍掉了光缆电脑业务，放弃画地为牢的技术模式，利用芬兰冷战中中立技术国的身份，第一个把手机业务扩展到东欧国家和第三世界。

在具体的管理中，非科班出身的奥利拉更是一个团队政治的高手。在诺基亚7年半时间里，他与员工在一起的时间是工作中最重要的部分。奥利拉以此了解公司内情，如员工和其他领导成员的想法和表现，或者新员工的背景、目标、困难和期望等。

奥利拉诙谐地说："与员工在一起的时间占我工作时间的40%，对我们公司来说，CEO同时还是第一人事经理。"他强调集体主义概念，从未辞退过任何员工，公司内部的创新文化，几乎是奥利拉超前创新思维的产物。

但是，奥利拉只是个政治高手，并不太关心市场或者财务细节。他斥资数十亿美元研发手机电子邮件、触控屏和更快速的无线网络，并于

2004年设立智能手机多媒体服务的集团。虽然在这些方面投入了大量精力，但单方面追求理想的奥利拉，拒绝关注市场细节，消费者和无线网络此时并没有做好接纳智能手机的准备。诺基亚遭到投资者的批评，最终竞争对手侵蚀了其市场。

这直接导致2006年诺基亚前CFO康培凯接替奥利拉。康培凯是个财务至上主义者，关注的是利润和效率。为了压低成本，他将诺基亚的智能手机和功能手机业务合二为一。奥利拉的团队被一分为二，这削弱了诺基亚技术和管理整合的传统优势。一个研发团队试图改造塞班系统，而另一个团队则从头打造MeeGo的全新操作系统。

这样两支矛盾的团队在争取公司内部支持上相互竞争，诺基亚内部开始出现研发裂痕。用柯蒂斯（2006~2009年担任诺基亚首席设计师）说："花在政治斗争上的时间比花在设计上的时间多。诺基亚的组织结构错综复杂，想要完成一个连贯、一致且美妙的研发过程对研发团队来说很难。"

由于缺乏一个能够调和内外关系，有足够纵横捭阖能力的管理者，诺基亚经常在关键的时刻花很长时间（可能要6~9个月）来评估前景，等到评估好了，机会已从手中溜走。

因为条件所限，企业家和管理者只能退而求其次，把追求理想目标的状态改成效率改进的执行过程。这么做的好处就是可以最大限度地接近目标。所以，不管市场上有多少种管理学的教科书，有多少培训师和管理大师现身说法，他们总是干着同样的事情。

一个优秀的公司，必定是一个能够在效率改进上同时收获价值和价值观的公司。在这方面，虽然不能跟进政治家的手段，但可以用改进、改良的方式接近。从这个角度说，只要我们能够始终保持对理想管理的追求，就可以取得某种平衡。只不过，严格地说，过度追求某一种理想恐怕是不可取的，诺基亚的失败就是教训。

第三节　新东方的管理必须走向职业化

新东方面临的最大问题，是职业化的问题。

新东方的每一天都在和人打交道，和一帮才华横溢、崇尚自由的人斗，我当然不希望这种斗演化为内耗。

新东方面临的最大问题，是职业化的问题。管理者必须职业化，必须要有职业心态，而且要受到企业的限制。

——俞敏洪2005年接受媒体采访时如是说

背景分析

2001年新东方成立了新东方科技教育集团，花费100万元委托普华永道重新分配高管和股东们的股份。创始人俞敏洪被看成是家族企业和管理混乱的主要负责者，退居二线，担任董事长，由胡敏任总裁主政新东方。上任后，胡敏大刀阔斧，对新东方的组织和人事制度开刀。

胡敏对于新东方的内斗和管理混乱开出了公司规范化的药方。在胡敏的主持下，股东会、董事会、监事会到总裁办公会的组织结构和职业化管理结构，在形式上从新东方建立起来。但问题是，胡敏的改革并没有触及新东方管理弊端的内部。

实际上，新东方的合理利益分配机制尚未成型。这就产生了新的问题，用江博的话说就是，"每一个人都想在新东方拥有什么，又惧怕别人拥有更多"。仅仅一年后，宣布把工作重心转移到战略和上市目标的俞敏洪，不得不重回新东方收拾残局；在混乱中，胡敏向俞敏洪递交辞呈，离开新东方另立门户。新东方第一次职业化管理的尝试，最终以失败告终。

2005年，是新东方上市前的关键一年，管理的专业化、职业化水平要求遽然提高，俞敏洪迫切希望解决公司的管理短板问题。这一年，新东方第一次公开向全球招聘高级管理岗位人才。面对媒体，俞敏洪按捺不住求变、求贤的心情，向外界呼唤："现在新东方不缺优秀的校长和老师，许多中高层领导都是从最基层提拔起来的，急需专业的国际化人才，特别是在财务、市场、人力资源等领域。"

俞敏洪作为董事长，这样解释他的这一举动：现在新东方急需要这样的专业管理人才，如在人力资源方面，可以为新东方搭建一套先进的十几年不过时的平台，在财务和运营方面也可以提出自己的看法和见解。新东方也将实行人才提拔双轨制度，内部培养有潜力的人员，但这需要时间，而招聘的高管来了就能独当一面。

随后，一大批优秀的职业经理人空降新东方，打破了内部的利益藩篱。例如，随着新东方CFO谢东萤的加入，会计事务所审计、内部成本风险控制、第三方监督等新的财务管理制度建立，抵消了新东方各个板块的利益阻力。

随着公开、公平、透明的硬财务制度的建立，原来的内部斗争基本终结。在新制度的阳光下，新东方的人事、产品、业务重新走上正确的轨道。管理者和员工各司其职，和谐的秩序初步建立起来。俞敏洪曾设想过的管理权和所有权两权分立的新东方图景，在职业管理团队的打理下渐渐清晰起来。

"很少有企业的改革像新东方这样，从大乱实现大治。"俞敏洪这样评价新东方的职业化管理进程。在第一代新东方人给学生们留下了无数传奇的故事和个人英雄主义之后，新东方开始以规范化、制度化、完全透明的现代企业的形象出现。而新东方的上市又从根本上停止了公司内部文人之间无休止的内讧，同时也把补习班形式的短期教育培训推向了流水线的大规模制造之中。

拓展透析

如果比较一下中外企业的管理、制度体系和核心竞争力，中国企业的优点固然很多，例如人力成本低、市场利润水平总体较高、增长潜力大、可塑性强等，但是缺点也十分明显。大多数的中国企业，即便是民营企业五百强，在海外上市的中国概念公司，管理上都存在这样或者那样的缺陷。一些投机者，甚至是巴菲特这样的价值投资者，都对中国公司管理层的不成熟、非职业化、家族化集权、决策风险大等问题颇为敏感。

事实上，这些问题绝大多数都与管理专业化、职业化程度较低、内部管理和风险决策制度不完善有关。所谓管理的专业化和职业化，本质上都属于管理人员职能和责任的专门化、制度化问题。

内部管理和风险决策的完善，则是在专业化和职业化前提下分权和决策水平的提高问题。实际上，在西方企业发展史上，这一问题的解决也是经过长期的磨合和制度演化，最终才达到如今的水平。苹果公司在这方面大致也经历了与中国高科技企业类似的情况。

苹果公司上市前，两大创始人乔布斯和沃兹尼阿克在股权分配问题上产生了分歧。乔布斯一股独大，成为公司的实际控制人。早期的苹果公司在员工和管理者之间的激励和分工角色，都十分不清晰。新进员工被乔布斯授予期权，公司的人事和决策权实际上完全掌控在业务负责人乔布斯手中，董事会形同虚设。由于分歧越来越大，乔布斯在研发和业务上处处排挤制约沃兹尼阿克，最终后者不得不离开苹果公司。

在失去了沃兹尼阿克这个技术上的负责人后，苹果公司连续在两款产品上竞争失利。坚持己见的乔布斯在听到更多的反对声音后，决心从外部雇佣"听话"的职业经理人，为自己的决策扫平道路。百事可乐公司的CEO斯库里被乔布斯引进苹果公司，担任苹果CEO。

出乎乔布斯意料的是，新任的苹果CEO的斯库里，非但不支持乔布斯的业务决策，反而反其道而行。在拉拢工程师、苹果的营销和产品的管理上，斯库里和乔布斯也在分工责任上产生直接冲突。斯库里认为，任何苹果产品的立项和研发必须经过他的专业评估，否则不予通过。乔布斯的产品决策权很快被斯库里完全剥夺。

此后，在经营战略上，乔布斯和斯库里也发生激烈的冲突，斯库里认为苹果应该扩展业务，四处派兵布线，此举进一步赢得了渴望靠短期业绩获得期权的新员工的支持。乔布斯则被进一步孤立，后来还被开除出苹果公司。

在失去乔布斯后，作为技术类公司的苹果毫无方向地进行扩张，很快就受到了市场的无情报复。到乔布斯回归前不久，斯库里管理下的苹果现金流日益枯竭，濒临倒闭的边缘。乔布斯回归后，大刀阔斧地在财务人事项目上，收缩手机业务、研发苹果手机，苹果由此才迎来新的辉煌。

事实上，职业经理人和业务负责人，在决策上是有一定交集的，但是在具体的分工、责任和权力的划分上应该清晰明确。类似于苹果的创始人和管理者这样，因为所有者权益的资本话语权和管理者话语权的冲突，导致双方跨越合理界限的事例不胜枚举。

职业经理人浑水摸鱼、扩张权限，创始人一意孤行，公司制度形同虚设，双方都会变成危险的机会主义者，最终导致企业失败。从根本上说，这是职业化管理、执行不到位、风险管理机制理念在所有者和管理者中无法贯彻的悲剧后果。

因此，现今绝大多数的企业都采取各种规章和外部相关利益者监督，加强治理结构中监管层的权力，避免这类管理分工、决策失衡，责任缺位和角色混乱的问题。一个清晰的管理结构能使分工专业化、管理层清晰化，更加有助于企业的健康、可持续发展。

第九章
新东方的成功是用人的成功

第一节　新东方的事业是人的事业

如果说新东方拥有资本的话，那我们唯一值得骄傲的资本就是人。

新东方的事业是人的事业。如果新东方有过成功，那就是在用人方面的成功；如果说新东方未来还会成功，那必将还是用人的成功。

如果说在其他地方，人和资本是可以分开的话，那么新东方人力资源就是人的资本，新东方的金钱资本（包括股市的融资），对于新东方的发展从来没有过重大的意义，但是新东方的人无时无刻不是新东方的财富。所以，如果说新东方拥有资本的话，那我们唯一值得骄傲的资本就是人。

——摘自《人力资源决定了新东方的生死》

背景分析

"领导要和人才共事，才能打天下。"俞敏洪多次提到刘邦如何用人，言语之中总会流露出对刘邦用人的钦佩。谈到人才，俞敏洪一直认为，"人才是新东方繁荣的唯一原因"。他将新东方打造成一座吸引杰出人才的大磁场，会聚了卓越的品牌和优异的人才，使企业产生超乎想象的生产力。

因此，俞敏洪对用人很重视，新东方在考察人才时，主要把握四条标准：第一，是否具有优秀的品格和性情；第二，是否具备职业化的心态；第三，是否具有良好的综合素质；第四，是否拥有应聘岗位必要的专业技能。

新东方的人才主要分为两大体系：第一是管理体系，第二是教学体系。

对于管理体系的人才，俞敏洪一般会先筛选人，然后经过背景调查，看其各方面是否适合新东方的要求。如果适合，俞敏洪会先把他安排在自己身边，进一步观察他的行为方式和处事能力。

经过这样一段时间，如果这个人素质和基本能力方面没有问题，俞敏洪会把他放在一个相对独立的岗位上，看他运作事务的能力。在独立的岗位上经过足够的时间，这个人的能力比较成熟了，俞敏洪才会把他放在比较重要的管理岗位上。

因此，新东方的管理人才，比如重要的业务管理者、分校校长等，大部分是俞敏洪内部培养的，他认为，这样比较容易看到一个管理者是怎样成长起来的。而对于管理体系中的专业型人才，比如财务、审计、资本运作、市场推广营销人员，新东方一般会根据一个人以往的工作业绩，从外部挖掘。

对于教学体系的人才，也就是新东方的老师，俞敏洪认为，不管他是怪才也好，天才也好，只要能够吸引学生，把教学搞好，理解并且弘扬新东方的文化，就可以留在新东方。在俞敏洪看来，这恰恰是教育中最主要的特点，至于这个人的脾气有多怪，哪怕平时会骂他，也都是无所谓的。

当然，作为新东方的老师，除了具备良好的人生观、价值观和成熟的个性之外，教学能力也是不容忽视的。新东方不仅要求老师具备良好的英语水平和讲课水平，还要具备优秀的表达能力、互动能力、表演能力和幽默能力。同时，还要求新东方的老师必须拥有广博的知识和深厚的人文精神，这样才能够跟上学生的品位追求，并引导学生建立正确的价值观。

俞敏洪通过这样的用人理念，让新东方凝聚了一大批认同新东方文化，有着共同的教育理想，热爱新东方的教育事业，并能够在各个岗位上释放能量、扎实工作的优秀人才。

拓展透析

资产只是一个数字，人才是真正的财富。拥有庞大资产的企业，他的实力一定非常雄厚，但如果该企业缺乏各种人才，那么它的兴盛也是短暂的。与此相反，拥有较少资产但注重人才的企业必定会拥有一个更好的发展前景。人才是一个企业能够成功的关键，这是国内外企业家所公认的。

美国惠普电子仪器公司从一个只有7名员工、538美元资本的小作坊成长为令人瞩目的国际集团，靠的就是对人才的重视。惠普公司非常注重人才的吸收，并且在员工的智力发展方面投入了大量资金。惠普规定，公司所有的员工，每周必须至少花20小时学习业务知识。据统计，惠普培养人才所花的资金占公司总销售额的1／10，所花的人力占公司人力的1／10。

也许有人会质疑惠普的这种做法，但惠普公司一直把"寻求最佳人选"作为公司发展的主要经验。惠普公司正是懂得了人才是企业真正的财富，所以才能实现从一个小作坊到一个跨国集团的华丽转变。

人才乃取胜之本，谁获得了优秀人才，谁就拥有了最大的竞争力，人才的潜力是不可估算的。所以创业者不要被庞大的资产所迷惑，一定要注重人才的培养，认识到人才是企业真正的财富。

联想集团前总裁柳传志常挂在嘴边的一句话就是"办企业就是办人"。他认为只有理解了人，才能把企业这个人群的能量充分发挥出来。在对人才充分认识的基础上，柳传志对人才的选拔、培养、使用都有自己独特的见解和做法。

一是在做事中磨炼人才。磨炼就是在实践中的锻炼和培养，当联想集团的事业进入发展阶段，对于常规的"将才""帅才"的认识和培养就成为非常关键的问题。在柳传志看来，优秀的人才不是在脱离责任、脱离做事机会的静态条件下鉴别出来的，必须是在对人才有了基本估计之后赋予其责任和机会，才可能在实践过程中对其客观、理性地认识。因此，越是高级人才越应该多挑重担，在不同的领域多加磨炼。

郭为30多岁即任联想集团的副总裁，许多人惊诧于其升迁之快，但对于他的经历并不了解。他在联想集团工作时经历岗位变迁近10次，每一次都是不同类型的工作内容，其自身能力在这一过程中得到了充分锻炼。今天，联想集团各部门中已有30多位年轻的总创业者。这正是联想在激烈的同行业竞争中生存下来，而且成为中国电脑业龙头企业的主要原因。因为这支年轻的骨干力量，不仅对新技术反应敏锐，而且具有全新的、开放型的经营理念，从而保证联想始终走在行业的前沿。

二是给他人创造发展的机会。柳传志认为，对人的认识不仅包含对人才重要性的认识和能够培养与使用人才，也意味着对人才的尊重。促使一个人发挥最大潜能的最终动力在很大程度上是各种上进的欲望。因此，采取有效的方法来激励人才正确地实现积极欲望的过程就是调动人才积极性的过程。

柳传志的高明之处在于使人才有充分的成就感，并能获得足够的成长机会。这样做的目的固然在于满足人才的心理需求，让其感到受尊重，更重要的还在于避免出现"人在业兴，人去业亡"这种事业上的断层现象，而这一点对于企业家的事业成败往往是至关重要的。

不会培养人的创业者绝不会是合格的创业者。作为联想集团的总裁，柳传志难免有"手痒"想"表现"一下的时候。但是，每次产生亲自出马的冲动时，柳传志都能及时地提醒自己，约束自己，把机会留给下属。

这样做的结果是，联想集团目前已经拥有了几十名能独当一面的"帅才"，以至于国外另有居心的电脑厂家放出话来：只要是联想集团总创业者级的人才"跳槽"到他们公司，可以不经过考试，工资涨一倍。

不过，柳传志的用人之道使这些经理觉得物质上的收获固然重要，但在联想更能施展自己的抱负。因此，联想集团的经理很少有跳槽的。的确，在知识经济时代，谁能树立以人为中心的思想，注重开发人的潜力、调动人的积极性和创造性，谁就能抢得先机，争取到最大的成功。柳传志深谙其中的道理，并将其付诸行动。

在企业步入正轨后，柳传志更以企业家独有的战略远见放手培养帅才式的人物，频繁的岗位交流使一些年轻的人才不断学习和进步，从而迅速成长起来，成为联想的栋梁。给别人机会，让人有成就感，是联想培养人才、发展事业的关键。

"办企业就是办人"，柳传志以人为本的思想，拓宽了认识问题和解决问题的思路，为各企业树立了标杆。创业者只有时刻把人放在第一位，时刻了解下属的需求，倾听他们的呼声，善于引导和调动他们的积极性，尊重他们的创造性，为他们创造发展的空间和环境，才能够使企业走向成功。

第二节 用对一个人，撑起一片天

我在新东方的感觉就是：用对一个人，撑起一片天；用错一个人，毁掉一片地。

做事情，总要在风格、文化上取得认同，要不然就是"道不同，不相为谋"。我在新东方的感觉就是：用对一个人，撑起一片天；用错一个人，毁掉一片地。尤其在中国商业规范还没有到位的情况下，更是这样。

——俞敏洪2004年接受《北美时报》采访时如是说

背景分析

在俞敏洪筹划新东方上市期间，除去人事管理制度的内部改造，他还积极寻求在海外招贤纳士。一种新的俞敏洪式的审慎的"人才观"逐渐成型。俞敏洪善于寻求文化和价值观上的认同，相信只有用对人，用能人，才能创造长远的价值，让企业从外部获得真正的血液。如果员工与企业不能同心，那企业就是失败的。

俞敏洪认为，"一个能干的、用对的人创造的价值是一个不能干的人的5~10倍，所以，如果这个人用对了，就至少给他1倍以上的工资"。

加入新东方之前，谢东萤是美国多家大型投行公司的高管，头上光环耀人，拥有商科和法律的教育背景，和斯坦福大学工程专业理学学士学位、哈佛商学院工商管理硕士学位，以及加州大学伯克利分校法学博士学位。

1990~1996年，他在White & Case LLP律师事务所担任企业和安全律师，是加州律师公会的一员。此后他在美国ARIO数据网络公司担任了两年CFO，加盟瑞银亚太投资之前，他曾在摩根大通担任副总裁，还在瑞士信贷第一波士顿银行担任助理副总裁。

对于俞敏洪来说，一个熟悉美国上市法律制度规则，拥有丰富的上市公司财务管理经验的人在华尔街的律师行里并不难找。问题是，在20世纪初，一个同时兼有华裔身份的优秀财务管理人士，在华尔街还是稀缺品。中美之间的价值观差异，法律和游戏规则的不同，使得像新东方这样一家从未在美国出现过的概念股公司上市，变成一件十分具有挑战性的事情。

2005年年底，谢东萤寻找目标公司时，新东方从国内传播到海外的口碑引起了他的注意。作为新东方上市前的关键空降新人，2005年谢东萤加入新东方，担任新东方CFO。对于在上市临门一脚的关键期的新东方，谢东萤在法律、投资、管理方面的实际经验，是十分关键的。在较短时间内，他成功推进了新东方在美国纽约证券交易所上市。

事实证明，俞敏洪这一步棋走得相当绝。在经历了新东方上市前多次合伙人内斗，高管、名师团出走风波后，俞敏洪识别优秀人才的能力早已名闻天下，出走新东方的人士大多数成为业内精英。这一点甚至被另一家共享新东方品牌的职业教育培训学校，直接升华为招生的金牌广告。

而现在，挖掘到谢东萤这样的一流人才，俞敏洪对之高薪优渥，许以期权，提拔为董事，不断重用。客观上说，俞敏洪在用人识人、驾驭人才方面的能力，至少在培训业内，已经炉火纯青。

俞敏洪曾经颇为得意地谈及自己这一重大成就："我的CFO（谢东

萤）进来的时候，我答应给他股权，干了不到4个月，我就知道这个人我至少要用3~5年。我向董事会申请，给他加了一倍的股权，董事会认为太高了，我说不高，只要他在，新东方一定会顺利上市，而且上市以后股票也一定不会有大波动。结果后来这两个说法全部实现了。"

事实上，一年后新东方的确顺利上市，俞敏洪则为之锦上添花，在2007年的新东方董事会上，谢东萤当选董事。2009年5月18日，俞敏洪为了开辟海外市场，特别提议新东方增设国际总裁一职。谢东萤除继续担任新东方CFO和董事会成员外，正式成为新东方历史上首位国际总裁，协助俞敏洪制定海外战略决策以及负责财务规划和资本运作。

在海外市场的公告中，新东方董事会主席兼首席执行官俞敏洪表示："新东方过去几年取得的成功与谢东萤先生密不可分。自2006年带领新东方在纽约证交所上市以来，谢东萤先生的职业精神、长远目光、商业头脑和丰富经验，一直是新东方不断取得成功的重要因素。我期待着在谢东萤先生担任总裁之后继续与他密切合作。"即便在浑水公司抛出所谓财务造假案时，俞敏洪和谢东萤7年来坚实稳定的合作关系，让他们在关键时刻顶住了国际投机资本做空的压力。

要知道，在像四大那样的资深会计事务所都无法顶住的美国监管高压面前，财务官经常会成为做空事件损失的替罪羊。但这一次，谢东萤和俞敏洪之间的彼此信任发挥了关键作用。事实证明，俞敏洪这一次在用人上用对了，而且用了最可靠、最值得信任的人。

拓展透析

企业管理者在用人时，要认清这样的事实："道不同，不相为谋"，聘用外来人才不仅要考虑人才本身的能力与岗位的契合，还要认识到其做事风格和对公司的文化是否认同，这些因素直接决定了企业能否用对人。

1999年，"打工女皇"吴士宏离开给她带来巨大声誉的微软中国公司总经理的职位，选择加盟TCL集团。然而，吴士宏在TCL并没有继续辉煌，直到2002年黯然退出，在TCL集团短暂的经历，让吴士宏遭遇了职场上的"滑铁卢"。

吴士宏拥有IBM高管和微软中国区总经理的外企从业经验，而且是从一个普通销售员一步一步上升为高管，在多个岗位都具有丰富的工作经验。正如NBA中国挖来陈永正，就是看中其在中国高层的公关能力，TCL邀请吴士宏加盟，也对其寄予厚望。

但是，无论是吴士宏还是TCL显然都低估了不同企业文化冲突的严重性。吴士宏一直接受国际企业的文化训练，而TCL是一家迅速成长的本土公司，不同的企业文化之间必然存在着磨合。最终，水土不服成为吴士宏兵败的首要原因。

作为传统家电企业的旗帜，TCL有着很深的企业文化底蕴。空降兵吴士宏要想实施其战略，势必涉及整个集团内部的利益重组。而集团内部纷繁复杂的人事关系，让外企出身的吴士宏受到太多牵制。尽管初上任的吴士宏改革力度很大，但终究拗不过企业原有体制的力量。她忘了作为一家老牌企业，TCL是不会为一个职业创业者轻易改变自身的企业文化的。

吴士宏在微软中国担任总经理时，一直执行的是微软总部的战略与决策，更多地展示着其出色的执行力。到TCL后，则承担起组建TCL集团信息产业板块的重任，这时的吴士宏肩负着决策战略发展问题的重任。她已经不再是简单的执行者，而是身居管理层，需要有决策力。

因为工作内容的变化，吴士宏不得不及时调整自己以满足工作的需要。TCL在对吴士宏的工作表示不满之后，最终还是选用自己企业一手培养起来的杨伟强掌管IT业务，而吴士宏只能选择黯然离开。

吴士宏在TCL的表现实在谈不上优秀，对于此次意外，业界和TCL本身都表示诧异。有时候，磨合和时间是必需的，即便如此，"空降兵"也不是"全能战士"。"优秀的人才一进来就优秀"，这本身就体现出企业管理者急功近利的思想。

因此，当企业确定要引进较为突出的人才时，就要从以下几个方面去做，以帮助外来人才在公司内部成功实现"软着陆"：

1. 安排人力资源部门充分讲解企业文化。其中包括公司的愿景、价值观和规章制度。另外，要使外来人才逐渐适应公司里显见的和潜在的规则、流程和习惯。

2. 与外来人才讨论之前公司里成功和失败的案例，尤其是有关员工个人的案例时，要注意，不要造成外来人才对某个人的偏见。更好的做法是，告诉外来人才某个员工或者某个团队可以做得更好，这样，大部分外来人才就会抓住机会去改善他们的绩效。

3. 明确指定外来人才的工作任务。不仅要让外来人才知道自己的任务是什么，也要让他的同事和主管了解这些内容。以适当的方式减少外来人才任务，然后，根据其做出的成绩，慢慢给他增加任务和权力。外来人才刚开始要应付复杂的环境，所以不要一开始就给他分配过多的工作。

第三节　新东方笼络人心的激励机制

报酬公正合理、员工精神愉悦、自身得到成长、荣誉得到承认，只要将这四块做好了，企业的人心就笼络住了。

对于员工，第一，报酬是否公正合理；第二，精神是不是愉悦；第三，员工自身是否有成长；第四，员工的荣誉是不是得到承认。

从实际收入来说，员工对自身价值的评判，与企业的评价体系并不一致。但从大局上来说，保证大部分员工愿意在这里干下去的一个重要原因，是在这里得到的报酬不会比外面差，最好比外面好。

从精神层面上说，员工比较在意在这个企业工作，是否能够不断地成长，不断地学到新的东西，他所处的工作环境是否融洽，精神状态是否愉悦。

除此之外，更重要的是要承认员工的荣誉。我有时也带员工出去玩，或者开会时，口头上表扬表扬，员工也会觉得舒服。

只要将这四块做好了，企业的人心就笼络住了。

——俞敏洪2009年在《总裁对话》节目中如是说

背景分析

俞敏洪强调以人为中心的管理，即尊重人、理解人、关心人、依靠人、发展人和服务人。通过对人的有效激励来充分发挥人的主动性、积极性和创造性，以最大限度挖掘人的潜能，更好地实现个人目标和公司目标的契合。

新东方制定的激励机制是：

1. 高薪是新东方人才激励机制的核心。
2. 尊重员工，注重个性发展是新东方人才激励机制的重要内容。
3. 情感激励是新东方激励机制的制胜法宝。

在高薪方面，新东方十分重视员工的薪资水平，在行业内教师工资普遍偏低的现状下，新东方的教师工资待遇则非常可观。而且不少高层管理人员都拥有新东方的股份，这种现象在国内教育机构中并不常见。

俞敏洪认为，在丰厚薪酬的刺激下，新东方的知识分子型员工们，才能在享受到体面的物质生活后，更好地为新东方贡献自己的知识和能力，并争取不断创造更高的利润。

在尊重员工、注重员工个性发展方面，新东方也十分重视。由于新东方教师属于一个知识水平较高的群体，他们具有较高的精神需求，在工作中获得成就感以及发展自我的愿望就极为强烈。

因此，新东方创造了宽松的环境和氛围，以满足员工被尊重和自我实现的精神需求。比如，新东方的老师可以在课堂上随心所欲地发表自己独特的想法和见解，而且新东方也特别重视对教师个性的发挥，让他们能感受到被尊重、被理解，这极大地激励了他们内在的工作动力。

第三篇　关键时刻之管理，戴着脚镣跳舞
管理是一种程序，领导是一门艺术

另外，情感激励也是新东方激励员工的重要方面。情感激励是指管理者通过情感去激发员工的积极性和创造性，在管理中通过对员工的尊重、关心、支持和信任，使他们获得愉快的工作体验和情感体验。

在新东方，高层管理者是否主动支持、关心员工，员工之间的关系是否融洽，都会受到重视。比如，俞敏洪会定期和新东方的老师沟通，并且常常到各地的新东方学校，和当地的教师们举行校庆等联欢活动。

基于以上的激励机制，新东方提倡公平地竞争，快乐地发展，为所有人提供一个公平的竞争环境，快乐的发展环境；鼓励员工通过建立个人远景、集中精力、培养耐心及客观地看待现实等实现自我超越，提升人生成功所需的各种能力；建立了系统的培训体系，员工可以根据自身发展的需要，选择相应的培训内容来提高自己。

很多人愿意到新东方工作，不仅仅是因为新东方能够提供稳定的待遇和保障，更重要的是，在新东方有公平和快乐的工作氛围，没有复杂的人际关系，还能够和许许多多优秀的人在一起相互学习和进步。

俞敏洪对待新东方的一位老师——杜子华的态度，就很好地体现了俞敏洪笼络人心的激励理念。

1992年，杜子华研究生毕业，一手创办了"理想"学校，大范围推广他自己创造发明的"电影听力学习法"。这种愉快轻松的培训方式，让学员不仅能够看懂、听懂影片中的对白，还能够充分地理解片中的风土人情、民俗民风、方言俚语，学习效果良好。俞敏洪很欣赏杜子华，并于1995年大力邀请他加盟新东方。

俞敏洪为杜子华提供的条件很优厚：第一，当时在新东方教书的老师平均一节课是300元，但俞敏洪给了他两倍——600元；第二，由杜子华创办的"电影听力班"可以合并到新东方，交给新东方15％的管理费，其余归他自己所有。

这样一来，杜子华既可以不掉身价，又可以省去自己办学的劳心费神，还可以利用新东方的品牌扩大招生。可以说，新东方为杜子华提供了一个更为广阔的施展才华的舞台。杜子华亦没有辜负俞敏洪的厚望，他所

创立并教授的"电影听力提高班""英语900分句""TSE口语班"深受广大学员的喜爱,大大增强了新东方的整体实力。

"尊重是最高的礼遇,是人与人之间最有效的信任和沟通方式。"俞敏洪让杜子华感受到了伯乐相马的知遇之恩,感受到人尽其才的自我价值实现,他自然会信心百倍、干劲十足,给新东方多元化的教学风格再添一抹亮色。

重视员工、尊重员工、关心员工、沟通员工、宽容员工,让新东方真正在物质、精神和情感上,对众多知识型人才进行了高效的管理。正因为这种笼络人心的激励机制,新东方才汇集了一大批在管理和教学上非常优秀的专业人才。

拓展透析

国际上的很多知名企业非常注重对员工除了报酬之外的人文关怀,加强与员工之间的情感交流,从而激发员工的工作热情和对企业的忠诚。

GE公司总裁非常注重培养全体职工的"大家庭感情"的企业文化,公司领导和职工都对该企业特有的文化身体力行,爱厂如家。公司的各级管理者都实行"门户开放"政策,员工随时都可以进入他们的办公室反映情况,管理者对于员工的来信来访也能积极负责地妥善处理。

不仅如此,公司的最高首脑与全体员工每年至少举办一次生动活泼的"自由讨论"。GE像一个和睦、奋进的"大家庭",从上到下直呼其名,无尊卑之分,公司成员互相尊重、彼此信赖,人与人之间关系融洽、亲切。

1990年2月,GE的机械工程师伯涅特在领工资时,发现少了30美元,这是他一次加班应得的加班费。为此,他找到顶头上司,而上司对此事无能为力,于是伯涅特给公司总裁斯通写信,"我们总是碰到令人头痛的报酬问题,这已使一大批优秀人才感到失望了"。斯通立即责成最高管理部门妥善处理此事。

3天之后,公司有关部门补发了伯涅特的工资,事情似乎可以结束

第三篇　关键时刻之管理，戴着脚镣跳舞

管理是一种程序，领导是一门艺术

了，但GE利用此事大做文章。第一是向伯涅特公开道歉；第二是在这件事情的带动下，了解了那些"优秀人才"待遇较低的问题，调整了工资政策，提高了机械工程师的加班费；第三，向著名的《华尔街日报》披露这一事件的全过程，在美国企业界引起了不小的轰动。

事情虽小，却能反映出GE的"大家庭观念"和员工与公司之间的充分信任。GE的成功之处在于抓住了情感管理的要素，在员工与企业间搭建起互信的桥梁，上下一心，众志成城。

要真正获得员工的心，管理者首先要了解员工的所思所想，进而满足他们内心的需求。可以说，员工的心是"驿动的心"，员工的需求也随着人力资源市场情况的涨落和自身条件的改变而不断变化。

善于把公司看作大家庭的日本，很重视员工的婚姻大事。日立公司就设立了一个专门为员工架设"鹊桥"的"婚姻介绍所"。新员工进入公司后，可以把自己的学历、爱好、家庭背景等基本情况输入"鹊桥"电脑网络。当某名员工递上求偶申请书，其他人便有权调阅电脑档案，申请者可以利用休息间坐在沙发上仔细翻阅这些档案，直到寻找到满意的对象为止。

一旦被选中，联系人会将挑选方的资料传送给被选方，被选方同意见面，公司就为两方安排约会，约会后双方都必须向联系人汇报对对方的看法。日立公司人力资源部门的管理人员说："由于日本人工作紧张，职员几乎没有时间寻找合适的生活伴侣，我们很乐意为他们帮这个忙。这样做能起到稳定员工、增强企业凝聚力的作用。"

如果是公司内元老级员工的婚礼，"月老"会一手操办，而来宾中70%都是新婚夫妇的同事。员工感受到了家庭的温暖，自然能一心一意地工作。而由于他的婚姻是公司促成的，他对公司就不仅是感恩，还油然而生一种鱼水之情。毫无疑问，这样的管理是一般意义上的奖金、晋升所无法比拟的。

利益杠杆虽然是管理上的一种重要平衡手段，但不是万能的，需要在管理中注入情感成分。将企业培养为一个大家庭是一种"高情感"管理方式，企业未来所面临的竞争是激烈和残酷的，更需要这种方式来凝聚人心，笼络人才。

真正能够激励员工的因素有很多，领导者应该关心员工的福利，适当满足员工的实际要求。这里的福利不单是指发奖金，实际上员工更需要尊严、自由和满足感等人文方面的关怀。最关键的是，管理者所激励的，最好是员工想要的。

因此，管理者在管理手段上一定要具有"双赢"意识，将员工的收益与企业利益紧紧捆绑起来。针对员工的所需给予激励，以此来激发员工的内在热情，使其发挥出最大的潜能，提高工作效率，为企业创造更多的利益。

Article 04

第四篇

关键时刻之好团队成就大事业

新东方是一个充满团队精神的地方

第十章　凭我自己，新东方没有今天
第十一章　成功来自团队而非个人
第十二章　企业欢迎有智慧、有能力的人

第十章
凭我自己,新东方没有今天

第一节　一只土鳖带领一群海龟奋斗

土鳖本来就土,在土中间长,带着一群海龟,共同呼吸大洋彼岸的空气,又能够熟悉中国的土地,结合起来可能多做一点事情。

新东方有一句话是"一只土鳖带着一群海龟在那儿干",我就是属于土鳖,徐小平、王强、包凡一就是属于海龟。

为什么能干到今天?有一个比较重要的原因,就是因为中国的土地比较干旱,海龟在土地上爬,有时会失去方向,土鳖本来就土,在土中间长,带着一群海龟,共同呼吸大洋彼岸的空气,又能够熟悉中国的土地,结合起来可能多做一点事情。

——俞敏洪2009年在首届新东方留学高峰论坛上的讲话

背景分析

1995年年底,随着新东方生源越来越多,俞敏洪感到自己一个人的力量实在有限,他当时认为,"要么把新东方关掉,要么就把新东方做大",关掉新东方显然是俞敏洪无法做到的,但要把新东方做大,需要解决的问题就是必须找到合适的合作伙伴。

此时的俞敏洪想起了在海外留学的大学同学、同事,他决定走出去看

第四篇 关键时刻之好团队成就大事业
新东方是一个充满团队精神的地方

看,"看看那些在巨大压力下生活的老朋友,如果他们生活得很好就取取经,如果他们生活状况一般,就忽悠他们回来一起干事业"。

新东方有著名的"三驾马车",指的是俞敏洪、徐小平、王强三人。1995年年底的那次出国,俞敏洪将徐小平、王强带了回来,组成了"三驾马车",拉动新东方发展。没有他们,可以说就没有新东方辉煌的今天。

这么厉害的高人,俞敏洪是怎么忽悠回来的?这里面还有很多精彩的故事:在温哥华,俞敏洪找到了自己在北大时的老师——徐小平,这时的徐小平生活过得稳定而富足。在徐小平温馨的家里,俞敏洪给徐小平讲了中国的发展,讲了改革开放给培训事业带来的机遇。最后他讲到了新东方,从创业的艰辛一直讲到新东方的成功和当下面临的机遇和挑战。徐小平听得激动不已,感慨万分。

文雅而富有激情的徐小平坐不住了,他说:"敏洪,你真是创造了一个奇迹啊!"他从俞敏洪身上看到了成功的希望,当俞敏洪讲到那个千人演讲的时候,徐小平终于按捺不住,激动地举起酒杯说:"敏洪,我跟你回去,就冲你那1000人的大课堂,我也要回国做事!"

徐小平被他说服了,俞敏洪接下来还要继续游说另一个高手——王强。王强是俞敏洪的同班同学,在北大读书时,王强是班长,出自书香门第,家里藏书超过5万册。在俞敏洪心中,王强是个十足的"牛人"。

王强在1984年获北京大学英国语言文学系学士学位,后留校任英语系助教、讲师;1990年自费赴美留学;1993年获美国纽约州立大学计算机科学硕士学位;1994年进入美国著名的贝尔传讯研究室工作,任软件工程师。他在留学生中算是颇为成功的一个了,能不能让他回来,俞敏洪心里没底。

他们见面后,俞敏洪就游说他:"王强,现在让你放弃你的实验室几乎不可能,我知道你用血汗铺就了这条路。但是我告诉你,你这人天生就是教书的料,你好好考虑考虑,跟我回北京吧。"王强问:"回北京干什么?"

俞敏洪说:"咱们一起做新东方呀!"王强第一次听到"新东方"三

个字，马上问俞敏洪："你刚才说的新东方到底是什么东西？"俞敏洪回答说："新东方不是东西，新东方是我办的一个学校。"

王强说："好，你现在坦率地告诉我，你现在这个学校规模究竟有多小？"在王强心里，俞敏洪是一个就算两辈子都办不起一个学校的人，俞敏洪笑而不答。

第二天，王强带俞敏洪到他家附近的普林斯顿大学参观。在餐馆、图书馆、商店里，往往碰到一个黑头发的留学生，他们都会非常尊敬地向俞敏洪鞠一躬，叫一声："俞老师！"这可是世界上著名的普林斯顿大学，想不到居然到处都是俞敏洪的学生，这让王强重新打量起俞敏洪来。

就是这点细节胜过俞敏洪说的千言万语。王强在俞敏洪没有答应给他一分钱报酬的情况下，在俞敏洪没有向他展示新东方的任何前景的情况下，决定放弃7万多美元的年薪，加盟新东方。

1995年年底的这次出国，俞敏洪带回了两只"大海龟"——徐小平和王强，他们三人组成了新东方的"三驾马车"。

后来，除了徐小平和王强，俞敏洪还拉回另一个大学同学——包凡一。俞敏洪和包凡一是昔日的上下铺。当年，包凡一睡下铺，上铺空着，俞敏洪对他说想睡下铺，他二话不说就搬到上铺去，从此成为俞敏洪"睡在上铺的兄弟"。

俞敏洪在大学期间曾经得过肺结核，因为是传染病，大家都不敢去探望。俞敏洪的妈妈来北京看儿子的时候，是包凡一骑着自行车把俞妈妈送到俞敏洪疗养的医院。

正是"情谊"二字让俞敏洪不远万里飞到加拿大邀请包凡一回国，也是"情谊"二字让包凡一没有多想就辞去美国通用汽车公司审计员的工作，毅然回国。俞敏洪在邀请他回国的时候声明不给发工资，需要他自己开发赢利的课程或项目，对此他说："老俞虽然在游说徐小平、王强和我的时候都说不发工资，要我们自己找赢利的项目，但我们心里都非常清楚，他是不会让我们白干的，这里面有很多信任。"

1997年，包凡一正式加盟新东方，俞敏洪任命他为新东方的副校长。

第四篇　关键时刻之好团队成就大事业
新东方是一个充满团队精神的地方

包凡一和另外一位老师成立了新东方写作中心，合作编写了《留学书信写作指南》。后来写作中心逐步发展为新东方图书事业部，出版了许多重要的英语学习参考书，也为新东方教育的发展做出了巨大贡献。

这样，著名的"三驾马车"形成之后又加入一个重量级人物——包凡一，可以说他是新东方的"第四辆马车"。这批"海龟"的加盟，是新东方发展壮大最具有标志性的事件。后来随着越来越多朋友的加盟，新东方由当初的"三驾马车"变成万马奔腾的一个大团队，有行业精英如陈向东、周成刚等，也有国际空降兵如魏萍、谢东萤等。他们与俞敏洪在工作上是同事关系，在生活中是朋友关系，是他们使得新东方的实力不断增强。

于是，新东方就变成外界看来"土鳖+海龟"的组合，王强、徐小平、包凡一、胡敏、钱永强、杜子华等人均是新东方"海归派"创业元老中的标志人物。连俞敏洪也常常说自己是"一只土鳖带着一群海龟奋斗"。在俞敏洪和他带领的一大帮"海龟"朋友的共同努力下，新东方缔造了一个又一个的神话。

拓展透析

俗话说："一个好汉三个帮。"刘备带领诸葛亮、关羽、张飞拧成一股绳，才有了三国时三分天下的局面。创业过程中，找到一些志同道合的人结伴而行，才能避免一个人单打独斗的势单力薄的困境。尤其是在这个竞争日趋激烈的时代，合伙创业，会让很多事情从不可能变成可能，从小打小闹发展到大规模运作。

"武大七侠"周汉生、艾路明、张晓东、张小东、潘瑞军、贺锐、陈华是当代集团的创始人。艾路明从武大研究生毕业后从家里拿出1000元，周汉生等人又凑了1000元，在洪山区注册成立当代生化技术研究所。"7个人中有4个是学生物的，大家觉得做生化技术比较有把握。"周汉生辞去水生所的工作，与艾路明一起彻底下海，其他几个人边教书边经营这个企业。

在武大留校工作的张晓东到复旦大学做实验时，认识了一位做尿激酶项目的博士。该项目是从男性小便中提取尿激酶，出口日本。张晓东得知这个信息后立即通知艾路明、周汉生等，几个人分头行动准备从武汉的各大厕所里掘金。

经过考察，他们选中人口稠密的江汉区，在机场河租下一个废弃停车场作为加工车间。经江汉区环卫局同意，该区的厕所里出现许多白色的塑料大尿桶。尿液在4小时以内没有味道，物质活性较高，利于加工。白天，周汉生与艾路明蹬着三轮车，到各个厕所将盛满尿液的塑料桶扛到三轮车上。晚上，他们将拖回的尿液倒进大缸里处理，并守在缸边，根据情况随时添加各种化学药品。

随着武汉东湖开发区成立，政府开始扶持高科技企业。当时，葛洲坝集团为了开拓新的产业领域，想利用武大生科院的技术，生产赤霉素（一种植物生长激素）。然而，当时武大正与国内数家公司合作开发这个项目，无力再派技术人员开发新摊子。

周汉生来到武大生科院，深入实验室向专家请教生产赤霉素的关键技术，直到全部掌握，然后以当代生化技术研究所的名义与葛洲坝集团进行技术转让与合作，组织生产，这个项目获得国家"火炬计划"100万元贷款。接着，他们又开发了一个"原子灰"项目（生产油漆底层的腻子），再次得到国家"火炬计划"500万元的项目贷款。

有了尿激酶、赤霉素、原子灰这三个"摊子"，当代资产已达数百万，开始走上发展的快车道。眼看公司有了规模，几个创业者都想按自己的想法试一下。但一年后，各个公司的经营都开始萎缩，大伙意识到还是合在一起才能有更好的发展。

在尿激酶生产过程中，公司从进口试剂中得到启发。"医院检测科需要一种检测致婴儿残疾的诊断试剂，这个市场很大。"艾路明与国家计生委协商合作成立了一个公司，又用一年时间兼并了扬子江制药厂，取得了针剂生产的批号，诊断试剂和尿激酶临床针剂投入生产。"这就是上市公司人福科技的前身。"

当代开始参与国有企业的并购和重组，资产迅速扩张，到1996年已达5000万。同年6月，人福科技上市，成为东湖开发区第一家上市公司，资本扩充至1亿元。并购握有医药生产资源的企业，是快速增长的捷径。2000年，当代集团兼并了宜昌医药集团。如今当代集团所属的人福科技更在全国医药企业中排进了前50名。

当代集团初次创业小有成就后，"七侠"曾分道扬镳，但业务马上下滑，最后不得不强强联手。这说明合伙创业的确可以产生1+1>2的效果，能使合伙人优劣互补，产生强大的合力，使创业之路顺畅无阻。

不过，找合伙人是一个慎重挑选的过程，首先应了解自己合伙的目的，再分析对方的优缺点，综合考虑选择。找到合伙人并非就万事大吉，还要经历日后经营中的磨合期。创业者在挑选合作伙伴时要注重以下几个特征，避免在日后的经营过程中产生重大分歧，妨碍事业的稳定发展：

1. 志同道合。合伙人合作的最大基础就是志同道合、目标一致。"志"指的是目标和动机，从广义上讲包括创业的动机、目标及创业者确定的目标、规划等诸多复杂的内容，可以是赚钱、扬名、实现理想等；"道"就是实现"志"的方法、手段，即经营理念和经营策略。拥有共同的目标和经营理念是合作的基础。

2. 优势互补。合作成功是多方面因素综合作用的结果，每一个因素都必须得到重视。一个优秀的经济联合体不仅能够为合作创造良好的条件，还会产生一种新的力量，使各自的能力得到最大限度的发挥。最成功的合作事业是由才能和背景各不相同的人合作创造出来的。

3. 德才兼备。挑选合伙人时要全面衡量其素质，力求合伙人德才兼备，切不可只顾其一不顾其二，因为有德无才是庸人，有才无德是小人。重德轻才，往往导致与庸人合作；重才轻德，往往导致与小人合作。而无论是庸人还是小人，与之合作注定会失败。

4. 明确利润分配。许多人合伙创业喜欢采取对半的权益分配方法，但这种方法常常因合作方意见不一而导致经济纠纷，无形中阻碍了发展。所谓"一山不容二虎"，创业也是一样，决策权只能在一个人手里，以便在众人意见不一时做出最终决断。一旦开始赢利，冲突必定随之产生，合伙人之间意见必然会有分歧，尤其是涉及金钱时，合伙人之间的矛盾可能会变得不可调和。此时，只有明确双方的权益才能获得长久的发展。

总之，理想的合伙人不仅是一个能为你提供资金、经营方法、经验或其他方面支持的人，更重要的是他是一个能让你信任、尊敬并能与你同甘共苦的人，是一个与你有着共同的经营目标和价值观念的人，这才是创业者所需要的。

第二节　我愿意做串起珍珠的那条线

新东方每个人都是一个珍珠，但是在串成项链以后，价值会倍增。现在我愿意变成这么一根线，实际上我也正在做这个工作。

新东方的成功，光靠我一个人不行的，新东方的成功来自一批人的个人魅力，我唯一做到的就是：把这批人笼络在一起变成一个团队——新东方的团队。

典型的是，每个人的个性不一样，我有一个比喻，新东方每个人都是一颗珍珠，我愿意做把珍珠串起来的线，非常耐磨，有自我修复功能，这条线在这些珠子中不值钱，但是能把大家串起来，变成美丽的项链。

新东方每个人都是一个珍珠，但是在串成项链以后，价值会倍增。现在我愿意变成这么一根线，实际上我也正在做这个工作。线必须坚固耐磨，不管被什么磨都不能断，也就是说我的忍耐力和承受力、宽容度必须是极大的，只要这根线不断，新东方珍珠项链还会再长。所以，我觉得我只要做好这根线就行了。

——摘自《俞敏洪谈管理者能力》

第四篇　关键时刻之好团队成就大事业
新东方是一个充满团队精神的地方

背景分析

新东方的老师们大多是充满理想主义、浪漫激情的才子才女。尤其是在海外打拼多年的"海归"们，他们身上都积聚着巨大的能量，也都是个性桀骜不驯的人，他们从世界各地会聚到新东方，在把世界先进的理念、先进的文化、先进的教学方法带进新东方的同时，也为俞敏洪的管理制造了难题。

俞敏洪曾这样说："论学问，王强出自书香门第，家里藏书超过5万册；论思想，包凡一擅长冷笑话；论特长，徐小平梦想用他沙哑的嗓音做校园民谣，他们都比我厉害。但我将他们三个的优点吸取过来，这就发生了一个很奇怪的现象，那就是我是他们三个的领导。"而要管理好这批厉害的人物，并不是一件容易的事。

俞敏洪很清楚，自古以来知识分子扎堆的地方，是非也都如影随形。尤其是新东方这批很有个性的知识分子，他们免不了任性，彼此之间的摩擦和较量是家常便饭，内战与分裂也会周期性爆发。

如何管理他们，让局面尽量和谐，并让他们发挥合力，俞敏洪这样认为："知识分子越牛，互相之间越不相容，所以我必须变成一条线，将他们在合适的距离和环境之中串联起来，发挥最大的能量，将新东方做大做强。"

在俞敏洪看来，要做好这根线，必须具有很强的忍耐力和承受力、宽容度。因此，俞敏洪的忍耐力和承受力在新东方是出了名的。除了俞敏洪坚忍的性格之外，最主要的原因还在于俞敏洪觉得他那帮牛气冲天的合作伙伴就是价值连城的瓷器，不能去硬碰，正如他所说："这帮家伙都是'价值连城的瓷器'，而我则是这些'瓷器'的'保管员'，如果这些'瓷器'摔碎了，就一文不值了。"

"我常常跟新东方的管理层说，新东方的每一个员工，每一个管理者都是一颗珍珠，而我愿做串起珍珠的那根线，对这根线只有一个要求，就是它必须坚韧，不能随便断掉。"俞敏洪这样说。因此，为了做好那根线，他对自己的要求是灵魂和个性都必须坚强，都必须坚忍不拔。

正因为如此，俞敏洪在处理团队成员之间的矛盾时，也依靠着对他们极大的忍让和和气逐步将矛盾一步步化解。"要承认他们的优点。我努力创造一个他们能够相容，而且我能容他们的环境就行了。对于知识分子，你给他一个自由的氛围，让他自由发挥，最大限度地表扬他们的表现就够了。他们更注重精神自由。"这就是俞敏洪的豁达和睿智，以及他把自己作为串起珍珠的线的精神。

周成刚是俞敏洪的高中同学，现在是新东方的副总裁，是新东方后来的"新三驾马车"之一。当年，周成刚因为仅有一次的落榜经验而"屈居"班里的英语课代表，后来成为英国BBC广播电台的播音员。作为认识几十年的老友，周成刚这样评价俞敏洪，"他最大的魅力是他的气度和胸怀，没有这一点他不可能串起那些珍珠，不可能留住新东方众多的牛人"。

拓展透析

领导力大师约翰·麦斯威尔将领导力分为5个阶段：一是权力，人们因职位而不得不服从你；二是关系，人们因关系而跟随；三是绩效，人们因组织贡献而跟随；四是复制，人们因共同的文化而跟随；五是尊敬，人们因尊敬和使命感而追随。

在领导力的这5个阶段中，第四阶段和第五阶段往往是最难达到的。在管理中，运用权力和激励的硬手段，以高压服人，看起来最容易产生效力，成本也最小。设立各种各样的标准，的确也可以筛选到合适的员工。

问题是，对于一个领导者来说，仅仅做到前三个阶段是远远不够的。一个再刚强有力的领导者，即便采用再有力的措施和手段，都必须靠人来实施，一时一事的全局性控制手段也许是有效的，可是长期而言，一旦这些强制措施执行有所松动，或者领导者出现了偏差，就会立刻产生灾难性的后果。

第四篇　关键时刻之好团队成就大事业
新东方是一个充满团队精神的地方

刚性的机制一方面削弱了员工自身改变的可能性和积极性，另一方面还可能让他们更多只是流于形式，面服心不服，毕竟所有的管理都只是外力作用，更重要的是调动团队组织的内核发挥作用。

从团队管理的角度看，缺乏弹性和妥协的机制，从一开始就是对领导力和团队竞争力的削弱。试想一下，每一个团队成员只知盲目服从，缺乏适应性，一旦群龙无首，就可能变成乌合之众。如果团队成员和管理者之间互相抵触，各自拆台，又何谈工作？

因此，对于那些面临僵化机制威胁，或者需要持续性竞争力的团队来说，管理者必须向最后两个阶段的领导力层面靠近。只有具备宽容、忍耐和开放态度的领导者，才能够团结大多数人，形成更强大的合力。

著名管理学家本尼斯指出，支撑领导力的三根支柱是抱负、能力和诚信。其中抱负和胸怀被看成是领导者的必备素质。但光有抱负是不行的，还需要其他方面的能力和诚信的良性结合。实际上领导力的最后两个阶段本身即是将管理上升为一种光环，在这个愿景和组织结构清晰的框架下，人尽其才物尽其用。

国内最大的互联网公司腾讯有四大事业部，但整体上是一个内外竞争都十分激烈的组织架构。即时通讯软件QQ和微博、微信等社交化应用产品，彼此存在市场的重叠和市场替代关系。

然而，腾讯并没有因为事业部制度下的内部竞争变得混乱。相反，宽容原始创新，不苛责成功者的原则，让腾讯内部的竞争和创新更快速地推动了企业的成长。

"在腾讯内部的产品开发和运营过程中，有一个词一直被反复提及，那就是'灰度'。任正非曾经写过《管理的灰度》，他所提倡的灰度主要是内部管理上的妥协和宽容。"马化腾对于微信和QQ之争的7个维度的看法，实际上正是领导者领导力原则的体现。

只有那些最具眼光和魅力，善于妥协，时刻迸发正能量，从各方利益纠葛中跳出，寻找到彼此认同的"最大公约数"的领导者，才能够真正演绎完美的领导和管理艺术。

第三节　我像刘备，用眼泪赚取同情

我比较像刘备，常常用眼泪来赚取其他管理者的同情，我的柔弱个性在新东方内部起到了黏合作用，任何情况下我都不会走向极端。

依照他们的浪漫主义干下去，会把新东方毁了。既要留住他们，又要扭转、改良他们的心态，需要大量的时间。如果我决断力快速，就会让他们走人，因为新东方是我的，我有这个权力，你们挣到了该挣的钱，走吧。你们走你们的，我干我的，你们再开几个新东方也无所谓。大家不开心，干吗还在一起。如果真这样的话，那现在北京就有好多小的新东方了。

但是，也正是我的细腻、敏感、重情重义，挽救了新东方。我还有一个好处，理想主义与浪漫主义相结合，实际做事情的时候，还是十分理性的，不像徐小平、王强他们那样纯粹的感性至上、感性到底。

我比较像刘备，常常用眼泪来赚取其他管理者的同情，我的柔弱个性在新东方内部起到了黏合作用，任何情况下我都不会走向极端。这是新东方没有崩盘的重要原因。

——俞敏洪2008年接受杂志专访时如是说

背景分析

新东方上市两年后，俞敏洪在接受媒体采访时终于可以卸下包袱，向外界披露2001～2004年新东方内部剧变时期的心路历程。"我比较像刘备，常常用眼泪来赚取其他管理者的同情。"这样的话从俞敏洪口中说出来，总是比旁人更加自然。

俞敏洪爱看《三国演义》，喜欢比较曹操和刘备的用人管人之道，而且偏爱刘备。这种偏好很大程度上也是因为，俞敏洪的人格特质和管理模式更接近刘备的方式。从新东方的合伙制时期开始，俞敏洪就是三个人中最具亲和力的一个，而且自始至终，他都不忘保持三人之间的纽带。正因为始终对别人保持着这种亲和的拉力，俞敏洪从未滑向极端，也不会钻牛角尖不放。于是，这才出现了新东方上市后的稳定局面。

2002年，《中国青年报》著名记者卢跃刚创作《东方马车——从北大到新东方的传奇》一书，因为巧妙地穿插了俞敏洪在新东方家族企业经营时期的失败，徐小平出走、内部分歧等内容，被看作是上市前新东方的变奏曲。在卢跃刚笔下，俞敏洪显然是一个忍辱负重、坚持理念的创业领袖，而俞敏洪的管理风格也第一次为人们熟知。

后来成为俞敏洪编外"军师"的卢跃刚，对新东方内部生态的观察视角和观点十分深刻，甚至有些尖刻："新东方的校长和老师们被光环笼罩，鲜花簇拥，财富增长导致心理膨胀，被别人高高地挂了起来，自觉不自觉地生活在'神话'里，与社会生活隔绝。在'分封割据'、家族企业向现代化转型危机四伏的过程中，在自己的圈子里想问题，唯我独尊，自以为是，经常失去理智，失去目标，进而失去判断力。这是相当危险的。"

显然，在新东方最艰难的时刻，俞敏洪似乎并不像讲台上那个风趣、激情、随时可以激发课堂活力，引领听众的领袖般的教师。在真实的生活中，俞敏洪并不像课堂上那样强势，而是一个处处让步，略显"弱势"的管理者。

俞敏洪自己也承认，他并不是一个强势的管理者，也不像其他合伙人一样有着天生的领袖般的说服力。俞敏洪有的是以弱胜强、以柔克刚的软性管理手法。在新东方，谁也没有看见俞敏洪主动开除一个人，或者给任何人以惩罚。相比王强和徐小平来说，俞敏洪是三人中最不具备威慑力的。面对亲情或者同仁感情，俞敏洪往往迟疑犹豫，无法痛下杀手。即便在管理争议中落于下风，俞敏洪也只选择孤单地收拾行装，前往国外暂时冷静。

靠眼泪和让步，以感情纽带串联新东方上下，是教师出身的俞敏洪的管理选择。俞敏洪靠宽容他人和放低姿态，换取管理者和员工的妥协，这是他最经常的做法。即便有教师当着学生的面对他的管理方式说三道四，俞敏洪也装作没听见。这份容忍的雅量，实属管理者罕见。

俞敏洪的弱势管理，带给他的最有利优势之一，正是客观和理性。在强者过度张扬，严重偏离目标，太过散漫，甚至不顾风险和成本的危急时刻，俞敏洪能看到他们的弱点和危险，此时的弱者即便是最后的一击也足以力挽狂澜。

一个失败过多次，一度没有自信，被开除，在数不清的挫折中还能坚持的人，一定是个异常坚韧的强者，无论怎么放下姿态，都是一种优秀的策略，并不是管理上的混乱和目标缺失。而这正是俞敏洪自比刘备的原因。关张孔明能做的，刘备未必不能，只是不取或者认为不太适合，反之，刘备能做的，关张孔明却大多是做不了的。

拓展透析

都说商场如战场，商业上的竞争烈度并不亚于烽火硝烟的战场。一般来说，意志坚定、果断决策、富有谋略的领导者胜出的概率要高一些。传统大公司严格的自上而下的科层制管理形式，要求处于金字塔顶端的管理者具有类似军人或者领袖般的领导力和管理手段。

这种传统在华尔街和西方商业界根深蒂固，例如即使采用最先进的技术，开展最多变的业务，西方大部分顶级投行或者对冲基金巨头仍然由坚持纪律至上原则、坚持刚性制度管理的职业男性担任主角。即便索罗斯看起来形象不佳，但论语言的杀伤力，策略艺术的高超，华尔街无出其右。即便是女性雇员，在这种传统之下，也变成实打实的女强人。在商界抑或职场，眼泪是没有用的。

事实上，今日中国大多数的企业创始人，体内同样都流淌着这种领袖英雄综合体的血液。军事化管理模式，绝对的服从和执行，被看成是标准的中国企业家的职业道德方式。从任正非的华为集团、史玉柱的巨人网络再到如今介于传统和网络之间的电商公司阿里巴巴，甚至女强人董明珠当家的格力集团，无不是崇拜和服从管理文化的坚决执行者。

在这些企业中，领导的言行决策如军令般快速高效有序，丝毫不容对手思考回旋。只要领导者的策略先人一步，指挥得当，短时间甚至很长一段时间内都可以在竞争力上保持优势。更进一步的是，这一体系下魅力型领导会塑造甚至吸引同样人格特质的人加入团队。这就造成了一种强势管理的轮回和继承。

马云在宣布从阿里巴巴卸任前，一直忙着挑选继承者。依靠个人的魅力创业的马云，在给员工的内部邮件中强调："接任创始人首席执行官是个很艰难的工作，特别是接像我这样性格鲜明而又'ET'类的首席执行官更是需要有巨大的勇气和牺牲精神。阿里巴巴集团有幸有数位这样的人才，每一位都具有罕见的领导魅力和风格，他们将会给未来的阿里带进不同的元素和气质。但要说服他们作出如此巨大的牺牲和投入，确非易事，这也是我考虑了一年多的事。"

最终，被誉为阿里巴巴的"成吉思汗"的陆兆禧成为继承者。这是因为，陆兆禧是整个集团内多块支柱业务的负责人，对集团了解深入而全面，他脚踏实地而谦逊、为人低调的个人风格，又深受员工欢迎。

将个人魅力、军事化管理融为一体，被认为是中国大多数低调务实的企业的成功共性。不过，并非所有的行业，所有的成功企业都是如此刚性。随着网络高科技行业在中国兴起，新一代的企业管理者正向另一个管理方向靠拢：人性化，或者情感型管理模式。

这种模式虽然同样保留了创业神话崇拜，但相对来说，主要不依靠命令或者物质手段对管理直接干预。大多数情况下，情感型的管理者靠情感、变通的规则、创新激励和交流来维系竞争力。

除去俞敏洪这样的依靠情感维系庞大企业的成功者，新生的类似企业也不在少数。诸如腾讯等大型企业，都依靠人性化管理，维系公司整体的竞争力。如今80后、90后新生代员工在工作中不再仅仅满足于物质上的需求，也追求个人价值的实现，这迫使企业构建出一套新型的企业与员工的关系。同时，新一代创业者的年龄普遍较轻，也让他们主动摆脱了传统的军事化管理方式，转而向直接惠及员工、改善双方关系、刺激人才共同合作创新的管理方式进化。这其中，传统的眼泪和情感交流越来越向虚拟化社会的感情依靠转向。

在3M中国，研究人员可以将15％的工作时间用于个人感兴趣的研究上。员工可以灵活地运用公司的人员、物质、资金，积极地从事研究开发。据博斯公司大中华区董事长谢祖墀分析，3M中国得到的是36％的新产品活跃指数，高于集团全球平均数值17％，从侧面证明了这一模式的有效性。

第十一章
成功来自团队而非个人

第一节　培养出一批像我一样的老师

我算是一个好老师，但是只靠我自己是不行的，所以，我必须培养出一批和我一样的老师来。

随着学院派老师的离去，新的老师没有到位，我只好随时顶替上，这一段时间把我自己也累得成了"半条命"。因为当时我定了一个制度，就是"如果你觉得这个老师不好，你可以把老师轰走"。最后的结果呢，这些老师真的都被"轰走"了，我只好各个教室乱窜，临时担负起"消防员"和"救生员"的工作。疲于奔命的授课、代课突然让我的工作量激增，一段时间下来，就有些吃不消了，每天讲到嘴发干、声音嘶哑。

我时不时想起评书中的一句老话"一块好铁能打出多少钉"，虽然我能再吃些苦，多代几堂课，但这样下去绝不是好事。一旦某一天我真的讲不出话了，整个学校就面临着停转的可能。我算是一个好老师，但是只靠我自己是不行的，所以，我必须培养出一批和我一样的老师来。

——摘自《俞敏洪口述：在痛苦的世界中尽力而为》

 背景分析

俞敏洪很早就认识到，"老师怎么教"对于培训教育很重要。尤其是

新东方开设的是出国考试培训，更要求老师的教法能够让学生顺利地通过考试，实现他们出国的愿望。这一点，俞敏洪是能做到的。

俞敏洪1988年就参加了托福考试，当时的满分是667分，俞敏洪第一次考了653分，第二次考了663分，几乎都接近满分。备考时俞敏洪将中国流行的50道托福试题做得烂熟于心，这样，其神秘面纱在俞敏洪面前变得无比透明。

破解了其中的难关，俞敏洪去教授托福考试内容就完全是驾轻就熟，随便哪个题目拿过来都可以讲给学生听。这样，通过大家的口耳相传，新东方逐渐有了名气，慕名而来的学生也越来越多。

随着生源的增多，俞敏洪觉得只凭自己一个人上课，显然是顾不过来的。于是，他招聘了一些老师来新东方上课。但是，俞敏洪很快发现，招聘来的老师很多是学院派的，他们的教学方法和教学模式与俞敏洪希望的上课风格很不一样，而且每节课的授课质量也不够好。

比如，学院派老师讲英语阅读，完全是按照大学里教授英语的死板方式，按部就班地把每一句话拆开来讲解，按照语法点、词汇、词组等给学生分析大半天，结果一节课讲下来，一段阅读理解都讲不完，学生的听课感觉也不好。而俞敏洪在课堂上的阅读理解，一节课就能讲上七八段，学生的收获也更多。

于是，俞敏洪对那些老师产生了强烈的不满：

第一是学院派老师在课堂上的信息量不够，比如听力老师授课，一堂听力课只能讲解十句听力，而俞敏洪能讲一百多句，二者授课质量悬殊也让学生们很有意见。

第二是俞敏洪觉得这些授课老师自己都没考过托福，他们的讲课方式完全是学院式的，而不是根据新东方学生的需求，针对考试和应试特别设计的。所以，他们不可能指导学生在考试中取得高分。

第三是俞敏洪觉得这些老师授课时完全没有状态，他们缺少激情，没有活力，既知识有限，讲不出语言的魅力所在，也缺乏幽默感，让课堂死气沉沉的。这样的授课方式不仅俞敏洪觉得不满，学生们更是怨声载道。

最后，俞敏洪只能让这些学院派老师全都提前"下课"。

学院派老师的表现让俞敏洪深刻地觉得，要想壮大新东方，拿出让学生满意的教学质量，就必须培养出一批和他一样的老师来。于是，培养新东方自己的授课老师被俞敏洪提上了日程。

在发现一些老师具有可塑性之后，俞敏洪就开始高标准要求他们：花大量的时间备课，准备好所有课程之后再上讲台；要对学生的考试内容有深刻的研究，保证学生高分通过考试；授课之中要注重细节，包括语速、肢体语言等；穿插幽默、励志的内容，保证课堂上气氛活跃，学生听课效率高……按照这样的标准，俞敏洪很快培养了几位让他满意的老师。

当然，新东方不断发展，还需要更多具有新东方特质的优秀老师，因此，俞敏洪确立了"试听制"和"打分制"。新东方的老师录用之前要经过8轮面试，不仅要获得招聘人员的认可，还必须经过试讲由学员打分，分数不及格就不能进入新东方；当上新东方的老师后，也要接受学员打分，如果不及格，仍然有被解雇的可能。

这样一来，新东方在教师的录用上形成一条不成文的规定，即任课教师上课时必须旁征博引，善于"抖包袱"，调动课堂气氛，不然很难通过学生这一关。所以，新东方的老师对每一堂课都不敢掉以轻心，但即便如此，偶尔一两次被学员打不合格还是不可避免的，俞敏洪自己就曾被学员打过零分。

正是这一要求使得新东方在实践中形成了独特的教学风格，不仅让学生在一片欢笑声中学到大量的知识，也让新东方在学生中拥有了更好的口碑。

拓展透析

新东方神话的核心技术秘密到底是什么？也许管理学家们给出的答案会让绝大多数人大跌眼镜。正如经济学家张维迎在细致观察后所获得的结论一样，新东方的成功在于它的创始人俞敏洪在教育这个特殊的行业创造性地以团队为单位，贯彻了所谓科学管理，以近似于傻瓜流水线的办法在最短的时间内提高了培训的效率。

自从泰罗发明泰罗制以来，将流程或者技术细节分解化，标准化，步步优化，达到产品质量水平提升的方法，就被推崇为科学管理。尽管有人指责计件工资是血汗制度，标准化是让人性和组织丧失自我，但不可否认，从20世纪开始，人类任何一项非科学发明刺激产生的创新或制度推进，都有科学管理的影子。

客观地说，在任何行业，在资金、人力、技术资源禀赋确定时，最有可能胜出的正是这种被人诟病的"傻瓜流水线"。团队内部实现专业的分工，职能的专业化，是提高效率，降低成本，带来利润的管理利器。前有福特T型车的奇迹，中间有阿米巴管理方式的流行，今天苹果的复兴更是说明了这一点。而在中国企业家圈子内，善于运用这一点，在团队单元或者层次上推广科学管理的更是不计其数。

从某种角度来说，像教育或者类似的服务、技术类劳动倾向的行业，资源和技术的贡献先天不足。只有牢牢把握科学管理，或者增添内部创新活力的效率之道，才是成功团队建设的根本。

1993年，22岁的王卫创立顺丰速运。此时，全公司只有6个人。到2010年，这家公司销售额达120亿人民币，拥有8万名员工，年平均增长率50%，利润率30%。这样的规模仅次于中国邮政集团公司（EMS），在中国快递企业中排名第二，在中国民营快递企业中则排名第一。

创始人王卫尽管十分低调，近于神秘莫测，但是在快递这个劳动密集度高，竞争异常激烈的行业，顺丰快递的冠军秘密并不让人感到陌生。

18年前，王卫就是顺德到香港的夹件客，每天他都会背着装满合同、信函、样品和报关资料的大包往返于两地陆路通道。为了能够与宅急送和联邦快递这样的大公司竞争，他会下功夫辗转各大机场，仔细研究路线交通，确保以更低的价格安全地投递。这样节省人工成本、在每一个细节上下功夫缩短时间的方式，在当时的中国成千上万。

然而，与其他人不同的是，王卫的高明之处在于他第一个在两个快递员，或者一个投送流程上将这种方式完整、规范、制度化地实施了，一个快递员能够做到的最有效率的投递过程，被无缝隙地整合，在整个快递公司内，按照各个单元细化执行。

在顺丰快递，投递员要严格按照工作手册操作，投一送二，时间准确计算到分之内。投递的交通线路被技术人员计算到最优并仍在不断优化，直到找到最节省时间和体力的配送方案。在人工成本上，顺丰是国内第一个实行快递计件工资的公司，快递员和公司的分配关系完全按照分成的方式进行。

此外，类似于俞敏洪在新东方采用的各种标准化选拔和业务培训一样，顺丰的用人之道也可圈可点，在天然服从纪律、准时负责这方面，军人无疑是最佳的榜样，而顺丰在国内快递业中是最为偏好退伍军人的快递公司。其身正，不令而行，王卫甚至每天工作15个小时，确保每一个快递环节不出纰漏。这样做的结果是，顺丰的快递队伍至今是国内最稳定、流动性最低而薪酬最高的。这几乎是现代泰罗制工厂的完美复制。

尽管人们指责泰罗制的不近人情，但显然，真正的泰罗制使用者并不是血汗工厂的制造者。比如福特工厂显然是最好的慈善工厂，而在稻盛和夫的阿米巴经营模式下，蓝领工人的薪酬和地位也都很高。加入情感元素的团队建设，有效提升了团队的组织和生产能力，这才是泰罗制或者科学管理的本质。

第二节 核心的技术团队要"锁住"

==当企业里的一些成员掌握的核心技术和核心配方不可或缺的时候，你肯定先要"锁住"这个技术团队。==

温文驰：我的专家有一些配方，他们在前几年研究的时候，拿这个配方去治疗奶牛乳房炎都有效果,临床的效果非常确切。

俞敏洪:你现在的股份是90%,公司总经理的股份是10%,意味着你的顶级专家团队,不管是有几个人,他们在这里实际没有得到公司未来可能的利益期待,你现在怎样把这些专家团队给守住?

温文驰:俞老师这个问题很好,首先我不是把这90%的股份拿着不放。我拿着90%股份是为了将来分给其他的专家。为什么现在还没给,除了我的总经理,其他的专家我还需要观察,技术工作是需要一步一步看的。

俞敏洪:也就是说你现在的专家团队,你可能认为还不是顶级团队,还不是终生依赖的团队。当企业里的一些成员掌握的核心技术和核心配方是必不可少的时候,你肯定要先"锁住"这个团队。就像我当年创办新东方,肯定要把最优秀的老师"锁住"。

创业过程中要清醒地认识到,不管你的总经理多么能干,如果你的技术团队不能死心塌地地跟着你,企业发展还是有问题的。

——俞敏洪2008年在《赢在中国》节目中的点评

背景分析

俞敏洪认为,许多企业在经营之中都有个通病,就是不知道企业的核心优势在哪里,所以运用和发挥优势让企业快速发展也就无从谈起。尤其是在培训教育行业,由于一些传统的做法,师资力量这一关键因素常被忽视,导致公司品牌效应不高,发展非常缓慢甚至最后倒闭。

俞敏洪一直将教师看成是首要的核心优势,"在教育行业中,你的优势就在于你在某一方面做得更好。这个方面肯定不是教学设备,也不是楼有多好,而是老师"。俞敏洪是这样想的,也是这样做的,他通过落实相关政策不断提升老师的地位,成为新东方在教育领域的一大亮点,为教育行业带来了一股尊师重教的正能量。

在新东方的合伙制时期,徐小平开设的美国签证哲学课把出国留学过程中大家关心的重要程序问题上升到人生哲学的高度,让学员在会心的笑

第四篇　关键时刻之好团队成就大事业
新东方是一个充满团队精神的地方

声中思路大开；王强开创的风靡一时的美式思维口语教学法，突破了一对一的口语培训方式；包凡一使新东方的英语写作培训达到一流……俞敏洪认为这些都是新东方的核心，是新东方在品牌创立时期必须锁住的。除此之外，新东方在成长过程中的很多优秀教师也是俞敏洪想要锁住的核心。

因此，新东方主力教师年薪百万并不新鲜，同时新东方还在股权上有所安排。资料显示，新东方除最核心的团队拥有股权外，如俞敏洪持股31.18%、徐小平10%、包凡一4%、钱永强2.5%，还有另外400多名员工持有新东方的股份。

俞敏洪认为，只有尊重教师、提高教师待遇，他们才能安心教书、传授知识，才能将他们"锁住"，新东方的学生才能更多地受益。正因为如此，新东方会聚了如徐小平、王强、包凡一、宋昊、钱永强、江博等大批名师，他们中的每一个人单拉出来都是一块响当当的品牌，聚在一起就是新东方的核心团队。

当然，除了尊重和提高待遇之外，俞敏洪也利用别的方法来凝聚团队。一般情况下，中国的上市公司总会出现这样的情况：一旦公司上市，管理者便留不住核心团队。但是新东方上市之后，核心团队成员一个都没走。俞敏洪总结了以下因素：

第一，新东方拥有优秀的企业文化。俞敏洪每周都向所有员工发邮件沟通思想、交流心得，从而打造了一个亲和、透明的新东方，让员工获得了更多的尊严。

第二，制定合理的目标。俞敏洪的目标制定既符合公司的发展，也符合员工的利益，从而新东方的员工深深热爱着新东方以及新东方的事业，这成为新东方健康发展、锁住团队的重要因素。

因此，从某种意义上说，新东方的成功并不在于商业模式，而更多地在于新东方人，正是新东方的名师和员工群体中的优秀者推动着新东方飞速前进。而这些人才的积极性是如何调动起来的，也许是值得全国所有教育机构的决策者思考的问题。

"新东方的成功，是团队的成功。"俞敏洪这样总结道。他认为教育是一种氛围，而不是一栋楼或者是资产，新东方的上空笼罩着一股"气"，这股"气"是人才积淀形成的。人散了，气也就散了，事业也就不可能做大，这可能就是许多培训机构想模仿却无法做到的。

拓展透析

　　对于迅速发展的初创企业来说，多个关键因素都可能对其能否取得更大的成功产生影响，但其中最重要也最困难的要数团队建设。原因很简单，没有人会拥有企业不断发展壮大后所需的全部技能、经验、关系或者声誉。因此，创业者最重要的工作是组建一个核心团队。

　　国内电商业界的巨头采用的商业模式和技术方式虽然各有不同，但是在创业过程中注重团队建设、建立稳定的团队这方面有着共同的特性。在京东总裁刘强东看来，创业最重要的是优秀的团队，拥有核心团队，公司才有核心竞争力。

　　2008年创业初，刘强东带着2万元到中关村摆柜台。从创业一开始京东就注重发展团队，打造核心竞争力。团队强调培训，副总裁以上分三年都会送到中欧进行专业培训，所有的总监都送到北大、人大、清华做两年培训，还有应届毕业生计划，每年招收大量应届毕业生，培训内容甚至细致到吃饭的细节。经过五年的培训，很多学生成为公司骨干，京东由此培养出忠诚度极高的核心团队。

　　2013年9月10日，马云在内部邮件中再次向员工们强调了阿里巴巴合伙人制度的重要性。从"十八罗汉"起家的阿里帝国，从未放松团队的建设，从而能够确保公司拥有较强的核心竞争力。

　　马云说："我们相信只有一个热爱公司、使命驱动、坚持捍卫阿里文化的群体，才能够抗拒外部各种竞争和追求短期利益的压力。有别于绝大部分现行的合伙人制度，我们建立的不是一个利益集团，更不是为了更好地控制这家公司的权力机构，而是企业内在动力机制。这个机制将传承我们的使命、愿景和价值观，确保阿里创新不断，组织更加完善，在未来的市场中更加灵活，更有竞争力。这个机制能让我们更有能力和信心去创建我们理想中的未来。"

团队实际上是现代管理的最基本单元。越来越多的事实证明，一对一的管理不一定能够起到良好的作用，有时水至清则无鱼，反倒会使事情走向反面。团队也不可能靠少数人一夜强大起来，而平均撒网的培养模式常常是失败的。一个优秀的管理者懂得抓住骨干，更能带动一批，影响一片，这样逐步塑造的拥有核心动力的团队，往往才是能够硬碰硬、关键时刻靠得住的优秀团队。

第三节　必须告别"个人英雄主义"时代

随着新东方不断发展壮大，职业化、规范化的改革坚定不移，新东方就必然也必须告别"个人英雄主义"时代，而着手打造具备国际化眼光和职业化心态的精英团队。

主持人：率先开掘、膨胀了英语教育的资本价值，新东方得以阶段性成功。近年以来，市场层面不断裂变出新的竞争对手，比如胡敏创办的新航道就很受资本青睐。从这个角度来看，"新东方模式"的可复制性很强，新东方没有神话。

俞敏洪：新东方之所以成功，就是迎合了万千醉心英语的学员的需要，有时候有点"媚"学生的味道。新东方创造过很多神话，也被媒体赋予了很多神话。

新东方在创业时期造就了一些明星教师和个人英雄，这些人对于新东方的成功，做出了历史的贡献。随着新东方不断发展壮大，职业化、规范化的改革坚定不移，新东方就必然也必须告别"个人英雄主义"时代，而着手打造具备国际化眼光和职业化心态的精英团队。

一个国际化、现代化的新东方的成功，将不再依赖于几个"个人英雄"，而要依靠团队的智慧和力量，依靠正规的现代企业管理方法，依靠科学合理的制度流程，依靠创新进取的企业精神与文化。

现在老百姓理解新东方还是个出国考试的机构，我希望未来新东方，内涵更加丰富，外延更加广阔。由考试转向外语，由外语转向教育，由教育转向综合教育，成为每个子品牌都很强的教育集团。

我不惧怕竞争。他们如果想听我讲上市的故事，怎么规避各种风险，我会毫无隐瞒地和盘托出。最近，我看得最多的是新东方的招股说明书，学到很多东西。如果非要让我找出一个新东方学习的模板比较难。谁要说他能再行拷贝一个新东方，我绝对不信，那不大可能。

——俞敏洪2006年接受《中国经营报》采访时如是说

背景分析

俞敏洪接受采访时曾这样说："1995年以前，我是自己一个人演独角戏，各种成功与荣耀都集中在自己身上，自己可以一言九鼎。"但是，随着新东方的组织结构不断扩大，俞敏洪逐渐认识到，仅靠一个人的力量无法支撑整个机构的运转，这时，告别个人英雄主义，以团队的集体智慧来经营新东方，就成为必须着手做的事情。

在中国的英语培训市场上，"疯狂英语"的英语培训品牌也堪称奇迹，甚至一度盖过新东方的风头。李阳作为疯狂英语的创始人，凭借自己独创的喊话式英语学习法，提出"让3亿中国人说一口流利英语"的口号，在中国掀起一场学习英语口语的风潮。

在疯狂英语火爆的时候，李阳甚至被称为"奥运英语总教头"，但是，同是英语培训，李阳的疯狂英语品牌并没有为他带来同新东方一样的财富。而新东方却以产业化经营、集团化运作的模式长时间傲然挺立。

曾有人问俞敏洪："你和李阳有什么不同？"

俞敏洪说道："他是个人英雄主义，我是集体英雄主义。"

第四篇 关键时刻之好团队成就大事业
新东方是一个充满团队精神的地方

也有人曾经将李阳与俞敏洪的运作模式进行比较，大多数人认为，是否将英语培训产业化、集团化是他们之间的主要区别。可想而知，李阳以个体化的身份，对抗新东方庞大的集团军，显然心有余而力不足。就连李阳自己都反思疯狂英语的商业模式，他说："新东方有数千全亚洲最顶尖的英语老师，而我只是一个老师，差得太远了！"

可以说，在当时的外语培训行业，顶尖高手几乎全部云集新东方。按照俞敏洪的说法："新东方不像微软有专利技术，如果分出去，这些人能办十几个新东方，但是为什么没有人走呢？因为新东方凝聚成一致的目标、共同的理念和独有的企业文化。这里没有'办公室政治'，一切都在桌面解决，它是那么充满活力。"新东方早期团队里的一批顶尖人才在新东方总能感到自己是被需要的，他们"有一种共同追求美好生活的心愿，有一种合作的心愿"。

俞敏洪习惯把新东方所取得的成绩归功于整个新东方团队。他认为，新东方应该成为一群能够共同合作、共同奋斗的狮子，或者说是一群狼，而不应该成为一头大象。因为在面对一群狼的攻击时，大象应对起来往往会有困难。而成为一群狮子或者一群狼，新东方的战斗力就会更强。

事实证明，新东方的成长确实离不开团队的力量，因为新东方上市前的每一次飞跃，都有大量人才进入，是各路英雄不断云集新东方的结果：

1996～2000年，新东方第一次飞跃，代表人物是王强、徐小平、包凡一。他们各自施展特长，建立起新东方的许多优势项目，壮大了新东方的培训业务体系，并成为新东方精神上的领袖人物。

2000～2003年，新东方第二次飞跃，代表人物是周成刚、李国富、胡敏。他们加入新东方，为新东方建立起庞大的分校体系。相对于第一次飞跃加入的人才，这一批人更加务实，很大程度上提升了新东方的核心竞争力。

2004～2006年新东方上市，新东方第三次飞跃，这一次是一大批专业化、职业化管理型人才，他们很快分布在新东方教育科技集团的财务、审计、公关等诸多部门，使新东方的管理和运营更加职业化。

在新东方成长的过程中，作为集体的新东方逐渐摒弃个人英雄主义，可以说，是新东方的"英雄集体"推动新东方走向了国际资本市场。新东方逐渐变成一个由庞大的英雄团队组成的新东方。

拓展透析

个人英雄主义在企业创业初期确实可以发挥很大的作用，但关键是在实力壮大后，面对纷繁复杂的形势，企业应该及时培养人才，通过团队而不是个人的力量来夺取胜利。项羽的失败是个人英雄主义的失败，而刘邦的高明正是在于发挥了团队的优势。一胜一败揭示了企业运营的真相：团队高效才能成功。

惠普公司前总裁格里格·梅坦曾说："企业的领导不能成为团队的主宰者，尽管企业的领导具有超强的能力，是团队中英雄级人物。"他还说："作为领导者我对该组织的构想当然重要，但是仅仅有我的构想还不够。我的观点是我最重要的领导资产，同时也给我带来了最大限度的限制。我认为，老板是轮毂，员工是轮辐，员工之间的谈话以及人际关系的质量是轮边。如果同事之间关系不好不能解决相关问题，所有的决策都需要通过轮毂，那么这个组织创造价值的能力就会受到老板个人明智程度以及时间的限制。这显然不能造就高效运营的团队。为了创造一种'轮边'会谈，老板就必须有意识地说明什么事情应该由轮毂解决，什么事情应该由轮辐解决。"

格里格·梅坦这样举例说明：那些来自世界各地的员工在伦敦相聚，作为老板的他并不参与，因为他们正在寻找方法解决一个复杂且有争议的问题，他已经为他们创造了这一"轮边"会谈，他不希望因为自己的出现而使会谈没有结果。后来，会谈很成功。

为了避免个人英雄主义给企业带来的灾害，国外提出了头脑风暴法，即用集体智慧碰撞出的火花来解决问题。例如比尔·盖茨在做决策之前都会召开一个头脑风暴式的讨论会议，召集各个部门的精英进行讨论。随后比尔·盖茨会根据各方观点以及他们所提供的调研资料进行独立思考，筛选出合理的建议。

头脑风暴法能发挥部下的作用，让他们觉得自己的想法受到了重视，也在最大程度上避免了决策的失误。杰克·韦尔奇在将近15年的时间里一直强调在每一个市场上占据数一数二的重要性，但是在一次头脑风暴讨论会上，一些人告诉他这一理念阻碍了GE的进步，并认为GE需要对现行产品市场全部重新定义，每一家下属公司的市场份额不能超过10%。

杰克·韦尔奇告诉他们："我喜欢你们的想法！"经过重新定义之后发现以前的理念果真是有问题的。比如过去电力系统将其主要业务看作是供应备用设备以及利用GE的技术进行修理，它们在价值27亿美元的市场中占据了63%的份额。

重新定义市场之后，他们把整个发电厂的维修都包括进来，电力系统在170亿美元的市场中只占据10%的份额。如果继续把市场的范围扩大，把燃料、动力、存货、资产管理以及金融服务都包括进来，那么市场的潜在价值就达到1700亿美元，GE在其中拥有的份额仅仅是1%~5%。

因为思维理念的转变，在此后的5年中，GE的主营业务增长速度翻了一番，尽管业务种类没有增加，但都注入了新的活力。公司的营业收入从1995年的700亿美元增长到2000年的1300亿美元，营业利润率从1992年的11.5%增长到2000年创纪录的18.9%。

因此，管理者不应该用个人英雄主义主导团队，不应该过分强调个人的效能，而应重视多人合作所产生的效能。现代社会组织仅凭一个人的能力和经验已经不能应对所有的工作。作为决策者，应该善于听取不同的意见，反复论证，以求得出的决策具有科学性、可靠性和长远性。

第十二章
企业欢迎有智慧、有能力的人

第一节 创业团队需要"孙悟空"式的员工

> 但孙悟空就不会，他有信念，知道取经就是使命，不管受到多少委屈都要坚持下去。

猪八戒更适合做一个成员，他是很轻松，但也不坚定，需要领袖带着才能往前走。而且猪八戒基本没信念，哪儿好就会去哪儿，哪儿有好吃的就往哪儿去，哪儿有美女就往哪儿去，很容易在创业过程中发生偏移，有钱会，没钱也会。

但孙悟空就不会，他有信念，知道取经就是使命，不管受到多少委屈都要坚持下去。孙悟空也很忠诚，不管唐僧怎么折磨他，都会帮助他一路走下去。他还有头脑，在许多艰难困境中，会不断想办法战胜困难；孙悟空有眼光，能看到别人看不到的机会和磨难。

——俞敏洪2008年在"我能创未来——中国青年创业行动"活动上的讲话

 背景分析

2008年3月16日，在"我能创未来——中国青年创业行动"活动中，客串主持人的牛根生给在场的马云和俞敏洪提了一个问题：创业路上，有唐僧师徒四人，如果只能从这四个人中挑选出两个人来作为自己的创业成

员，你会挑选哪两位？

马云选择了沙僧和猪八戒，俞敏洪选了沙僧和孙悟空，忠厚老实的沙僧是他们共同的选择，但是关于另一个人选，两人给出了各自的理由。

说话一向语不惊人死不休的马云是这样回答的："最适合做领袖的当然是唐僧，但创业是孤独寂寞的，要不断温暖自己，用左手温暖右手，还要一路幽默，给自己和团队打气，因此我很希望在创业过程中有猪八戒这样的伙伴。当然，猪八戒做领导是很欠缺的，但大部分的创业团队都需要猪八戒这样的人。"

俞敏洪则有着不同的看法，他认为，猪八戒更适合做一个成员，他是很轻松，但也不坚定，需要领袖带着才能往前走。而孙悟空有信念、有忠诚、有头脑、有眼光，是创业团队中不可缺少的人物。

讲完了孙悟空的优点，俞敏洪也提到孙悟空的不足："当然，孙悟空也有很多个人的小毛病，会闹情绪、撂挑子，所以需要唐僧在必要时念念紧箍咒。但是，在取经路上，孙悟空所起的作用是至关重要的。如果将西天取经比喻成一次创业过程，孙悟空就是其中不可或缺的创业成员……"

牛根生最后给他们打分，俞敏洪得了5分，马云得了3分。牛根生的理由是：创业要有好的眼光、优秀的组织能力和整合能力，孙悟空无疑能整合猪八戒和沙僧，但猪八戒并不能整合这两人。

活动结束后，现场的一些观众纷纷围住总裁们，并向他们提问。很多人都问了俞敏洪这样的问题：在现实的创业团队中，哪一类型的队友占多数，是"孙悟空"，还是"猪八戒"，抑或"沙僧""唐僧"？俞敏洪认真地聆听了他们的问题，他微笑着招呼大家坐下来，然后给他们讲新东方的创业队友故事。

王强，新东方里典型的"孙悟空"型队友，他是新东方学校"三驾马车"之一，从北大毕业后留校任教。1990年王强来到美国，3年后，他拿到了计算机专业的硕士学位，被视为在美留学生成功的典范。1996年10月，王强放弃了著名的贝尔传讯实验室的工作回国，加入北京新东方学校创业团队，开始了他的职场新生涯。

王强编撰了《美语口语思维》《王强口语》《常用英语词汇大盘点》等多本专著，独创美语思维学习法，帮助英语学习者摆脱传统的英语学习困境，用科学的方法学到地道的英语，并最终达到交流的目的。王强被尊为"美国口语教父"和"语音的完美主义者"。

徐小平，新东方"牛人"老师之一，毕业于中央音乐学院。1983~1987年，先后任北京大学艺术教研室教师、北京大学团委文化部长、北大艺术团艺术指导。1987~1995年，在美国、加拿大留学定居，并获加拿大萨斯卡彻温大学音乐学硕士学位。1996年回国，创建新东方咨询处，现任新东方教育科技集团董事、新东方文化发展研究院院长，是新东方留学、签证与出国咨询事业的创始人。

徐小平口才超群，风趣、幽默、机智，无数新东方学员折服于他独特的徐式教学。徐小平的主要著作有《美国签证哲学》《美国留学天问》《图穷对话录——我的新东方人生咨询》《黄金是怎样炼成的——对一个成功者的赏析与非议》《骑驴找马》，以及关于大学生留学、考研、就业问题的《邮箱里的灯光》等，在就业困难的大学生中引起积极而强烈的反响。

这样的"牛人"在新东方有很多，他们每一个人都可以在新东方独当一面。俞敏洪说，新东方最初的创业成员个个都是"孙悟空"，每个人都很有才华，而且个性都很鲜明，他就是要选择这帮"孙悟空"般的"牛人"作为创业伙伴，并且真的在一起做成了大事，成就了一个新东方传奇。从这一点来说，选择"孙悟空"做创业队友是一个正确的选择。

故事说到这里，俞敏洪还拿出他自创的理论作为佐证，那就是"牛屁股理论"。这个理论是：人就要跟着牛人走，哪怕是个牛屁股。因为只有和这样的人在一起，才会有开阔的眼界，自己才会牛起来。新东方里每一个人都是像孙悟空般的天才人物，都是猪八戒等无法替代的，和这样的人一起创业，事业才有希望，才能大踏步地前进。

但是有利就有弊，俞敏洪最后提醒现场观众，具备孙悟空特质的人才一般也具备孙悟空般的牛脾气：他们多是性情中人，从来不掩饰自己的情绪，也不愿迎合他人的想法，打交道都是直来直去，有话直说。因此，有必要形成一种批判和包容相结合的创业文化氛围，批判使他们敢于互相指责，纠正错误，而包容使他们在批判之后能够互相谅解，互相合作。这就是与"孙悟空"式人才合作需要注意的。

俞敏洪擅长制造这样的气场，因为他具备很强的包容性，可以说，俞敏洪的身上有唐僧的影子。唐僧坚忍而正直，领导了3个本事高强的徒弟，这些徒弟在唐僧的领导下最终取得真经，完成了任务，修成了正果。

拓展透析

美国钢铁大王卡内基的墓碑上刻着这样一句话："一位知道选用比他本人能力更强的人来为他工作的人安息在这里。"

卡内基说过："即使将我所有工厂、设备、市场和资金全部夺去，但只要保留我的技术人员和组织人员，4年之后我将仍然是'钢铁大王'。"卡内基之所以如此自信，就是因为他能有效地发挥人才的价值，善于用那些比他更强的人。

卡内基虽然被称为"钢铁大王"，但他是一个对冶金技术一窍不通的门外汉，他的成功完全是因为他卓越的识人和用人才能——总能找到精通冶金工业技术、擅长发明创造的人才为他服务，比如说任用齐瓦勃。齐瓦勃是一名很优秀的人才，他本来只是卡内基钢铁公司下属的布拉德钢铁厂的一名工程师。

当卡内基知道齐瓦勃有超人的工作热情和杰出的管理才能后，马上提拔他当了布拉德钢铁厂的厂长。正因为有齐瓦勃管理这个工厂，卡内基才敢说："什么时候我想占领市场，什么时候市场就是我的。因为我能造出又便宜又好的钢材。"几年后，表现出众的齐瓦勃被任命为卡内基钢铁公司的董事长，成了卡内基钢铁公司的灵魂人物。

齐瓦勃担任董事长的第七年，当时控制着美国铁路命脉的大财阀摩根提出与卡内基联合经营钢铁，并放出风声，如果卡内基拒绝，他就找当时位居美国钢铁业第二位的贝斯列赫姆钢铁公司合作。

面对这样的压力，卡内基要求齐瓦勃按一份清单上的条件去与摩根谈合作事宜。齐瓦勃看过清单后，果断地对卡内基说："按这些条件去谈，摩根肯定乐于接受，但你将损失一大笔钱，看来你对这件事没我调查得详细。"

经过齐瓦勃的分析，卡内基承认自己过高地估计了摩根，于是全权委托齐瓦勃与摩根谈判，事实证明，这次谈判取得了对卡内基有绝对优势的联合条件。到20世纪初，卡内基钢铁公司已经成为当时世界上最大的钢铁公司。卡内基是公司最大的股东，但他并不担任董事长、总经理之类的职务，他要做的就是发现并任用一批懂技术、懂管理的杰出人才为他工作。

企业的生存和发展离不开杰出的人才，一个成功的企业家就要善于寻找人才、重用人才，使人才为企业所用。当然，人才与厂房设备等资源最大的不同在于人会思考、有感情，领导者只有知人善任，人才才会感恩图报。知人善任要注意以下几点：

1. 鼓励人才发展，不要怕团队超过自己。

2. 批评时对事不对人。人非圣贤，孰能无过，下属做错了事，要批评他做错的事情，却不能对他进行人身攻击。批评的目的在于指出错误，以图改进，而不是让下属丧失自信或感到自己的人格不被尊重。

3. 承担职责，扶持正气。下属办事不力，并不一定是下属的过错，作为领导者，应首先检讨自己在领导上是否有错误，该承担哪些职责，绝不能将过错推到下属身上，否则将会严重影响团队的士气。

第二节　只要是人才，新东方都欢迎

不管出身，不管什么专业毕业的，博士还是硕士，只要符合条件，都可以做新东方的老师。

提问：新东方用人的策略是怎样的？

第四篇 关键时刻之好团队成就大事业
新东方是一个充满团队精神的地方

俞敏洪：第一就是不管出身，不管什么专业毕业的，博士还是硕士。第二进行筛选，主要是考察这个人，我们用到位置上的专业能力，比如说让你当老师，肯定不能不会英语，有些就不一定需要英语，比如说后勤。第三就是考察这个人的人品，也就是为人处世的态度，与人合作的态度够不够。最后是创新能力和上进能力。

提问：如果想到新东方做老师，您认为什么人适合做新东方的老师？

俞敏洪：我说了不问出身，什么人都可以做新东方的老师，新东方有近800个老师，400个是非英语专业出身的，他们有强烈的英语爱好，在新东方当老师很成功，往往比英语老师还要好，因为他们知识比较丰富，综合素质更好一些，在课堂上旁征博引的能力比较强大。

——俞敏洪2005年接受《TOM访谈》的采访

背景分析

财富和名声为新东方聚集了人才，人才反过来又为新东方创造了更大的名声、更多的财富，逐渐使"新东方"三个字成为商业潜力无穷的超级品牌。而对于人才的选择，俞敏洪为了给新东方团队吸纳到优秀的人才，他一向的观点是：人才不问年龄，英雄不问出处；只要是人才，新东方都欢迎。

基于俞敏洪大胆用人，既敢选也敢用的特点，新东方的用人策略可以用"只要符合条件，什么人都敢用"来加以概括。因此，俞敏洪手下不仅有一群桀骜不驯的海归，他还起用了一批自己找上门来的奇人、怪人、牛人。其中，罗永浩和钱永强就是这样的人。

罗永浩能当上老师出乎很多人的意料，因为他从小就不是一个规规矩矩的好学生，初中时严重偏科、逃学，高三没读完就退学做生意了。他做生意也是小打小闹，后来无意中听说了新东方，经过一段时间的了解，他认为新东方的老师也不怎样，自己也能讲，而且比他们讲得更好。

2000年12月，骄傲的罗永浩给俞敏洪写了一封长信，自信满满地介绍自己的"优点",用很长的篇幅描述自己的"成长经历",更历数新东方老师的种种不足。面对连高中都没毕业的狂妄后生,俞敏洪本可以不加理会,但是他看出来罗永浩是个很有才华的人,基于这一点,他给了罗永浩3次试讲机会。

第一次试讲是在新东方四楼的会议室,结果罗永浩太紧张,讲砸了,学员们评论说:"这个人没有幽默感。"罗永浩非常沮丧,说:"我快30岁了,第一次被人说没有幽默感。"俞敏洪安慰他:"你要表现出来。你回去再准备一下,等消息。"

第二次试讲安排在俞敏洪的办公室,给俞敏洪一个人讲。这次,罗永浩又讲砸了。俞敏洪安慰他:"你再去准备一下,寒假班结束后再来见我。"一个月后,罗永浩第三次试讲,内容是GRE填空,这次大获成功,好几个满分!罗永浩进入新东方后也不负厚望,确实"整"出了一套很有特色的教学方式,证明了当初俞敏洪录用他确实是"慧眼识珠"。

2000年,俞敏洪重用钱永强,他是耶鲁MBA出身,又因为他直言不讳,喜欢以不容动摇的"耶鲁眼光"和"耶鲁标准"来衡量事物、臧否人物,"杀伤力"很大,所以徐小平给他取了一个外号——"耶鲁匕首"。

说起来,钱永强还曾是俞敏洪的学生。1990年,钱永强考进北方工业大学,1993年参加过俞敏洪办的一个GMAT班。深受新东方感染的钱永强在大学毕业后想到新东方来授课,他没有走普通的求职之路,而是采取十分直接的方式:站在新东方门口等俞敏洪的车,把俞敏洪堵在车门口,大胆地提出试讲要求。

钱永强说:"新东方没有GMAT班,我来吧。我GMAT考得不错。"俞敏洪看着这个刚毕业的二十出头的小伙子,十分欣赏与佩服他的勇气,更欣赏他的自信,觉得他具备了新东方老师的特质,便给了他一次机会。

钱永强的表现很出色,先是教GMAT,效果不错,于是俞敏洪让他去教GRE逻辑。他讲的GRE逻辑课深入浅出、言简意赅,注重从学员的错误观点切入分析,很快形成自己独特的教学风格,学员们也给予他很高的评价。

年纪轻轻便能将教学工作做得这么好,俞敏洪认为,钱永强的确是一个不可多得的青年才俊。当然,新东方团队能够得此大将,正是由于俞敏洪的"慧眼识英才"。之后,钱永强在新东方一直工作到1997年,直到他赴美国留学。

2000年,28岁的钱永强从美国耶鲁大学学成归来,重新回到新东方。一直欣赏他的俞敏洪特地和很多元老一起去机场迎接他。俞敏洪让他负责新东方与联想合作的新东方教育网站的项目,投资5000万,并且提拔他为8个副校长之一,这时的钱永强才是刚满28岁的年轻人,俞敏洪将如此重任托付给他,不可谓不大胆。

事实再一次证明,俞敏洪的选择并没有错。正是这种"人才不问年龄,英雄不问出处"的做法,大大丰富了新东方的内环境,使新东方因为人才的积聚效应获得了更好的发展动力。

拓展透析

《诗经》上说:"得人者兴,失人者崩。"人才是一个国家兴亡的关键,同样也是一个企业兴衰的重要因素。

美菱集团的张巨声是一个十分重视人才建设的管理者,他说:"能说能干的人才被称为国宝。"为了寻求"国宝",美菱集团引进了一批法律、外贸、会计师等高级管理人才,与此同时,为学习世界冰箱行业最新科学技术,美菱集团每年还派出二三十名青年科技人员奔赴美国、意大利、德国、日本等国家深造。

此外,美菱采用多种方法培养人才,形成了一支专业化、年轻化的科技骨干队伍。美菱集团在培养"高、精、尖"专业人才的同时,始终把员工的培训和教育放在重要的地位。通过经常性和专门性的各种培训,对广大员工进行市场营销、国家经济、法律知识、技术技能等多方面的教育,造就了一支高素质的员工队伍,为企业的发展奠定了坚实的基础。

科技人才的地位,在实施科技驱动型的成本管理中具有重要意义,因此，美菱集团对科技人员的住房、工资、培训等实行倾斜政策，将科技人员的收入与成果挂钩，按开发产品的销售利润比例提取风险奖励金，如果科技人员发明了重大科研成果，美菱还会在原有薪酬待遇基础上额外给予重奖。此外，美菱集团还借助一些高校的先进科技设备和人才优势为企业培养人才。

目前，美菱已经与中国科技大学、合肥工业大学等高校及科研机构合作，并与安徽大学共同创办了"安徽大学美菱经济学院"，建立起教育、科研、经济的联合体。可以看出，美菱集团对于人才的重视程度和培养程度，都是花了很多精力和财力的。

与美菱集团相比，迪斯尼公司更是在"将每个员工都打造成具有高素质的、令顾客满意的人才"这个战略方向上全力投入。

在迪斯尼公司，即使是收门票的员工也必须接受为期4天的专业培训，合格以后方能上岗。不仅如此，迪斯尼公司的任何一个员工都得上迪斯尼大学，学习关于企业文化的"第一号传统课"，只有在这门功课及格的基础上才有资格参加专业课程的培训。每一个员工都必须严格执行这一规定，没有任何人可以例外，无论是副总裁还是收门票的普通员工，甚至是业余兼职的人员，都必须上迪斯尼大学，参加这种职业培训。

迪斯尼的"全民教育"不仅造就了一大批优秀的管理者，更重要的是打造出一支高素质的员工队伍，凭着这样的员工队伍，迪斯尼为顾客提供了更为优质、更为高素质的服务，赢得了世界人民的广泛喜爱和关注。

由此可见，企业管理中最重要的因素是人才，优良的业绩来自高素质的员工队伍。只有将人才经营好，只有重视人力资源的企业，才会在经营过程中收获更多的"财""物"，才会在激烈的市场竞争中为自己赢得一方天地，才能在人才济济的今天凭借自身强大的人力资本战胜竞争对手。

第三节　陈向东推下去的能力比我强

陈向东比较有创新变革能力，比较有执行力，把一件事情推下去的能力比我强。

之所以选择陈向东而不是自己亲自去抓，是因为陈向东比较有创新变革能力，比较有执行力，把一件事情推下去的能力比我强。

我会顾及很多人的面子和他们的感受，但是陈向东他不会。不是他不顾面子，而是他即使知道对方有障碍，还敢于推动。他是推动新东方变革最合适的人选。

——俞敏洪2011年接受《21世纪商业评论》采访时如是说

背景分析

2010年11月，俞敏洪宣布了新的人事调整：任命陈向东为执行总裁，任命周成刚为公司董事，并调整了两位副总裁的工作。

"执行总裁"是新东方新设的一个职务，俞敏洪仍然是新东方董事长兼总裁，但是执行总裁的设立意味着俞敏洪开始慢慢脱离日常运营，只是专注于新东方的战略制定，专注于新东方精神教父和形象大使的角色，而陈向东则成为新东方战略执行的核心人物。

陈向东引起俞敏洪的注意，源于一本书。2000年3月，陈向东只是新东方的一位兼职老师，当时还在中国人民大学读研究生。一天，陈向东去找俞敏洪，说是想写一本GRE考试中关于逻辑推理方面的学生辅导用书。俞敏洪虽然知道这本书新东方已经有人在写，但是他并没有直接拒绝陈向东，而是定下了这样一个"比赛"规则：这本书谁先写出来，就支持谁出版。

关键时，
俞敏洪说了什么

不到3个月，陈向东就将一本500多页的书写了出来，在这场"竞赛"中胜出。这件事给俞敏洪的印象十分深刻，他当时就感到陈向东的特点：具有强大的执行力。这一年下半年，陈向东因为得到俞敏洪的赏识，成为总裁助理。

新东方早年的发展主要集中在北京建立分校，异地的扩张几乎是处于蔓草式的增长状态。陈向东在新东方体系的崛起，很大程度上也得益于其创建了武汉分校。2002年，陈向东在几乎没有总部支援的情况下，一个人拿着30万元资金，到武汉独立招人、租场馆、定课程，很快就创建了新东方武汉分校，并掌舵一方。

因为在武汉新东方的出色业绩，2003年9月，陈向东回京担任集团副总裁兼人力资源部总监，主抓市场公关和人力资源。2006年1月起任新东方高级副总裁；2009年6月起负责全国学校管理和干部管理。2010年，对于被任命为新东方执行总裁，陈向东这样说："公司内部我来坐这个位置，大家不会感到特别意外，没有人会说是跑出了一匹黑马。"

生于1962年的俞敏洪，2010年时已近"知天命"的年纪，而陈向东比俞敏洪小9岁，俞敏洪最终之所以任命陈向东为执行总裁，除了在年龄上是一个比较恰当的梯度，更重要的还是因为陈向东的执行能力比俞敏洪强很多。

比如，同样是开会迟到，俞敏洪可能仅仅是对迟到者宽厚地笑一笑，而陈向东则是开会前立规矩，迟到者要上交1000元，美其名曰"分享"。在执行力层面上，陈向东自己也曾指出，有时候一个决策的安排，俞敏洪可能需要考虑3天之久，而他只要一个小时的思考就可以付诸实施。

因此，任命陈向东为执行总裁后，俞敏洪向外界直接表达了这样调整的初衷：原本陈向东只管某一方面的工作，现在执行层面的工作都是陈向东抓；此前的陈向东有可能受制于新东方结构，有些事情不便执行，现在他调配资源的能力就能充分地发挥出来。

第四篇　关键时刻之好团队成就大事业
新东方是一个充满团队精神的地方

拓展透析

比尔·盖茨拥有技术人才和领导者的特点，但对公司各种事务的管理并不在行。随着公司员工越来越多，微软急需一位精通管理的人才来统率。为此，比尔·盖茨想到了他的校友、交际高手史蒂夫·鲍尔默。

在哈佛大学时，比尔·盖茨便与鲍尔默过从甚密。当时比尔·盖茨迷恋打牌，赢了之后常到鲍尔默那里数钱。鲍尔默从哈佛毕业后考入斯坦福商学院，但他没有立刻去学校，而是在一家公司干了一段时间。

1978年，鲍尔默为了公司的业务曾到阿尔伯克基找过比尔·盖茨。当时，比尔·盖茨就想邀请他加入微软公司，但他没有答应。后来，鲍尔默又在几个公司做事，始终不愿意在一个公司固定下来。1979年，鲍尔默到西雅图探望比尔·盖茨，比尔·盖茨又恳切地对他说："你来微软公司吧，我们需要一个经理。"鲍尔默说："还需要考虑考虑。"

1980年年初，比尔·盖茨把鲍尔默请到西雅图，再一次劝说他来微软工作。为了请动鲍尔默，比尔·盖茨把父母也动员起来，让他们出面做工作。鲍尔默最终答应了比尔·盖茨，但是他说手边的事还没有处理完，至少要等到夏天。

到了夏天，鲍尔默果然来到微软公司，在这里他的年薪是5万美元，职务是总裁助理。鲍尔默到微软公司时，微软公司的很多人都认为鲍尔默没有技术，对经营也不怎么懂，可工资比谁都高，那些原本就对待遇不满的人怨言更多了。

随着时间的流逝，鲍尔默的才能一一显示出来，他的巨大价值也被人们所认识。他充满活力与激情，同时也具有很强的攻击性，与比尔·盖茨相比，甚至有过之而无不及，但他的攻击性更多的是激励别人，而不是伤害别人。

许多人都认为，听鲍尔默讲话就像是聆听上帝的福音，微软公司员工总是为他充满活力、令人振奋的话语所感染。一位市场经理这样评价他:"他要求你思考时不要拘泥于条条框框,与史蒂夫交谈后,你愿意为他付出一切。"有人说,正是鲍尔默的全身心投入,使得微软公司稳居于计算机世界变革的巅峰。

千军易得,一将难求。为什么很多企业人才济济,管理层却总是抱怨无人可用?为什么组织中很多崭露头角的明日之星最终都沦为"万年科员"?企业中真正奇缺的不是人才,而是将才!最好的领导不仅要善于"将兵",而且要善于"将将"。

尤其是在当前竞争日趋激烈的环境下,培养一批充满青春活力、敢打硬仗、善打硬仗的年轻化、专业化、知识化的将才显得尤为重要。那么,如何发现并培养出这样一批支持公司业务发展的基层将才呢?

1. 严格甄选将才,做到量才而用。识别任用将才也是一种领导能力的具体体现。作为公司管理者,要全方位地看待每一名员工,不仅要看他的学历水平、专业技能和工作能力,更要注重他的道德水准和综合素质。要善于发现每一个人的亮点,谁适合做什么要做到心中有数。

2. 帮潜在将才做好职业规划。经过观察,管理者可以大胆地发掘出可能成为将才的人,一旦确定人选,第一步就是帮其建立信心,确立职业生涯规划,制定短、中、长期目标,设定每个阶段要实现怎样的改变,鼓励其不断往前走。第二步是鼓励他们放大格局。这里的格局是指对目标的渴望,不拘一格确定努力的目标。确定努力的目标和实现的方案后,想方设法地帮他们去实现。尝试过一次达到目标高峰,以后的目标就不会低,借此树立标杆,对整个团队都是极大的鼓励。第三要包容失败,善于总结。指导对象一时没达到目标不能气馁,不能轻言放弃,要客观分析,认真总结,为下一步和以后的培养打好基础并提供借鉴。

3. 对将才进行定向培训。要侧重于政治思想、理论知识、专业技能的提升以及企业文化的熏陶。通过甄选确定下来的人员必须经过一个定向培训的过程才能走上工作岗位。这就好比是"打铁成器",通过定向培训,才能把将才锻造成适合企业发展的个体。

Article 05

第五篇

关键时刻之文化引导战略
我们要呼唤新东方价值体系的回归

第十三章　新东方到底应该坚持什么
第十四章　传播新东方精神和思想
第十五章　立足于价值与责任的守望

第十三章
新东方到底应该坚持什么

第一节　始终把学生的需求放在第一位

新东方做培训教育，拾什么遗，补什么漏？拾遗补漏公立学校体制中做不到的事情。

我之所以对中国的公立教育失望，是因为小学和大学的校长，都是在行政体制中间的人，他们想的不是教育，想的是如何当官和升官。你会发现大部分中小学校长基本上是不读书的，一个不读书的中小学校长，怎么能办好一所中小学呢？

新东方做培训教育，拾什么遗，补什么漏？拾遗补漏公立学校体制中做不到的事情。例如，按照学生的个性特点设计教学内容，让学生在更轻松愉快的氛围中学习，培养学生对未来生活的热情，培养学生对伟大梦想的向往，点燃学生内心向往智慧的火焰等。这些工作公立学校也在做，但是他们确实做得不够好，正因为做得不好，所以我们有了拾遗补漏的空间。

因此，学生们并不仅仅是英语成绩不好到新东方来补一补，数学成绩不好到新东方来补一补，尽管成绩的提高十分重要，但是在提升学生的学科水平的同时，我们能给他们更多。

——俞敏洪2011年在新东方新老师培训会议上的演讲

背景分析

现代"营销之父"菲利浦·科特勒曾经说："在新经济条件下，营销

第五篇　关键时刻之文化引导战略
我们要呼唤新东方价值体系的回归

学的成功势必要从顾客的角度出发，企业需要以顾客观念制定相应的营销战略。"俞敏洪从创办新东方起就意识到这个问题，十分注重把握学生的心理需求。

始终把学生的需求放在第一位，是新东方的最高原则。俞敏洪认为，从营销学的角度来看，老师是销售人员，将知识和做人的道理作为产品传递给学生，学生就是客户，是产品的使用者和获益者，当然也为此付出相应的费用。从这个意义上说，顾客是上帝，学生自然也是上帝。

之所以会有这种想法，是因为在一些培训班教过书的俞敏洪发现，许多培训学校并未给予学员足够的重视，只注重如何教课，而忽略了很关键的一点：能够花钱参加托福、雅思考试培训的学员，都是在校学生中的佼佼者，教师仅仅教好课程是不够的，这远远无法满足学员的需求。

所以，俞敏洪要求新东方的"专业设置"和"课堂教学"紧紧围绕学生的实际需要，比如从新东方最早的托福、雅思培训，到后来的英语四六级考试培训、少儿英语启蒙，乃至后来脱颖而出的职业教育等，都是根据市场的实际需求来设置的。

另外，为了让年龄、身份各不相同的新东方学员能够聚精会神地听讲，高效率地学习，俞敏洪也是煞费苦心。在这一点上，凡是参加过新东方培训课程的人都能体会到，新东方的课堂上有幽默轻松的课堂氛围、丰富的英语知识、实用的应试技巧等，这些正是学生们所需要的。

可以说，新东方从创办的第一天起就始终把学生放在第一位，用俞敏洪的话说："你要满足学生的需求，甚至提升学生的需求，比如说学生本来只想喝一杯水，但是经过你们的教学，最后想喝两杯水，他的梦想和理想都提升了，我觉得这就是教育的一种使命。"

俞敏洪一直认为，只有老师了解学生，才会有最合适的教育方法。新东方坚持的宗旨是内涵不变，表现形式可以多元化。新东方就是这样成为出国留学的"敲门砖"，甚至有人评价它为"出国梦的制造者"，"将中国人望而生畏的托福、雅思考试变成了福特式生产线"。

拓展透析

俞敏洪的新东方品牌运营,素来以"学生中心"知名。以学生为中心的教育理念,很早以前就在教育界确立。从20世纪50年代开始,以学生需求为中心,将学校看成是生产合格教育产品之场所的观点,一直十分流行。虽然有人批评说这种观念过度市场化和功利化,但就学生作为教学中心的地位来看,这种观点和"以顾客为中心"的市场观点,确有共同之处。

"以顾客需求为中心",面向市场的管理方式,在互联网时代已经成为一种普遍的形式。如今艾龙·马斯科在电动汽车上之所以能够占尽风头,打败丰田、通用等大公司,秘诀就在于此。

特斯拉汽车公司的股票从25美元飙升至超过100美元,翻了3倍还多。几大汽车公司在资金、技术人员和其他的资源上都远胜特斯拉,所得业绩却并不那么出色。其原因在于,特斯拉牢牢把握住了顾客的需求,即便特斯拉Model S车型的售价是竞争对手的一倍,高达7万美元,也仍然是目前最畅销的电动汽车。

特斯拉的研发者主张倾听顾客的意见,为顾客的需求和愿望提供解决方案。每个月、每个季度,甚至每一年,他们都在琢磨如何改进产品。特斯拉舵手马斯科主张从原始客户那里学习经验,从中找出市场增长的瓶颈问题和改进方向,而别的大公司经常嘲笑这类客户是怪人。

马斯科投资于产品改进,而市场也因此一天天变得广阔起来。专注于新市场的开发,特斯拉从未尝试将汽油车改装为一台电动车。消费者对电动车充电后的行驶路程曾产生"里程焦虑",为了解决这个问题,特斯拉不仅改进电池技术,还计划建设一套覆盖美国和加拿大的充电站网络。依靠这个充电站网络,驾驶员可以在30分钟的快速充电后行驶200公里以上。车主们抱怨充电时间超过30分钟,特斯拉就开发出90秒内更换电池的服务,几秒即可重新上路。将资源投入最佳潜在解决方案,特斯拉Model

S开发得很成功。2013年《消费者报告》评分99分,是迄今为止该杂志评分最高的电动车,也是有史以来得分最高的一款汽车。

事实上,任何精明的管理者都应该意识到,忽视顾客和市场的需求,很容易落入创新困境。很多一时领先的大企业专注于核心业务,即使利润不断下滑也对潜在的改变不屑一顾,顾客满意度也就会不断减弱。

因为顾客从一个解决方案转移到另外一个,不是循序渐进,而是相当快的。"思想保守"的公司在市场骤变后,会因迷茫和落后彻底被抛弃。一般来说,主流的大公司和企业管理层都拥有丰富的经验,完全可以像特斯拉一样做事,或许还会做得更好,但是他们忙于核心业务,忽视以客户为中心,最终被后起之秀所超越。

实际上,市场上除了以客户需求为中心不变之外,其他的一切都是不断变化的,毕竟市场的主导权永远掌握在顾客这个上帝手中。显然,如果管理者不能认识到这一点,就只能被市场所抛弃,企业将最终走向没落和失败。

第二节　新东方永远不做教育之外的事

新东方自始至终都没有离开过"教育"两个字,也从来没有离开过教育这个行业,我想在未来可见的时间里也不会离开。

有很多媒体记者在采访我的时候都会问一个同样的问题:新东方的未来是什么?新东方打算走向何方?

坦率地说这是一个不好回答的问题,我也从来没有明确的答案。很多人都以为我雄才大略、胸有成竹,而实际上我常常是捉襟见肘,十分狼狈。新东方从过去走到现在,一直是顺其自然发展而已,我从来没有设计过她的未来,更加没有五年计划之类的东西。

商业世界瞬息万变,我觉得制订了计划也不一定管用。但有一点我是可以肯定的，即从新东方诞生的那一天起，我就知道新东方永远不会做教育之外的东西。如果说得好听点叫专注，如果说得直白点就是别的东西我不懂，所以也就不愿意去碰。

这一特点使得新东方无意之中一直走在了正道上，不管是新东方的语言培训，还是新东方的远程教育、图书出版、基础教育，或者现在正在开拓的学前教育和职业教育，新东方自始至终都没有离开过"教育"两个字，也从来没有离开过教育这个行业，我想在未来可见的时间里也不会离开。

所以，新东方可见的未来，一定是在教育领域里风雨兼程，勇往直前。至于说最后会有一个什么样的结局，已经不在我们应该担心的范围之内。我相信只要方向是对的，哪怕道路再曲折，也终将能够走到我们心中的目的地。

新东方可能发展得轰轰烈烈，也可能归入历史的尘埃了无踪影，但只要新东方存在一天，她存在的宗旨和目的就不会改变。新东方要做的事情，就是帮助千千万万希望自己的生活变得更加精彩的人去实现他们的梦想，就是鼓励千千万万经历了失败和挫折的人重新站起来，去迎接生命的挑战。

我们希望新东方是一个不平凡的地方，一个让人们的生活变得更加灿烂的地方，一个让人们的心灵变得更加充实的地方，一个让人们变得更加自信和坦然的地方，一个让人们更加懂得人性、懂得爱、懂得珍惜的地方。

这就是新东方，她的未来，就是让千千万万的人拥有更加美好的未来！

——俞敏洪2008年在新东方成立15周年庆典上的讲话

背景分析

2008年11月12日，北京大学百年纪念讲堂座无虚席，新东方员工代表、高管、股东、学员2200余人会聚一堂。这一天是"新东方教育集团成立15周年"庆典日。尽管当晚天气颇有寒意，但讲堂内新东方员工和教师们自编自导的表演精彩纷呈，演员和观众同样热情不减。

晚上7点，俞敏洪登台致辞，晚会瞬间因他激情洋溢的演说达到高潮。在这场演讲的最后，俞敏洪再一次重述了自己的事业原则，为新东方

第五篇 关键时刻之文化引导战略
我们要呼唤新东方价值体系的回归

的未来发展定下了基调。俞敏洪公开声明,自己的未来将永远盯住教育这一主业。最后,俞敏洪满怀激情地告白:"我这辈子可能再也离不开新东方了,我生命的最高境界就是在新东方。"话音刚落,全场就爆发出雷鸣般的掌声。

事实上,即便新东方在2008年这个敏感时期面临着各种各样的冲击和竞争——既有来自同业赶超的压力,也有学员和教师、股东的担心和质疑,俞敏洪仍然坚信,新东方视教育为主业是唯一正确的道路。不论新东方如何在技术和产品上突破,都将始终围绕教育产业布局。

这一声明,实际上是俞敏洪公开向各方宣告新东方战略的郑重抉择。俞敏洪并不提倡多元化战略,甚至主动抵制产业多元化的诱惑。有人曾经问俞敏洪,新东方为什么不涉及其他领域,比如房地产。

俞敏洪回答:"我10年前就给自己定位要做好教育。既然有了这个定位,跟教育不相关的我就不做,我也做过房地产,但都是与教育相关的。如果我做房地产也一定能够成功,但是或许不大可能有新东方的上市。"

俞敏洪并不是不能够去做房地产,新东方一度持有的现金规模甚至比一些大型房地产公司要多得多,企业流通和变现能力很强。与房地产领域相比,教育培训的利润相对要低得多。即便在很长一段时间内,新东方都有绝佳的投资机会,但俞敏洪坚持不进入教育领域之外的行业。

在俞敏洪看来,他和新东方的资源和精力都是有限的,只有把精力倾注在一件事情上,才能做深、做透、做长、做久。俞敏洪将新东方的成功归结于一种坚持和专注完美主义的结果。

2006年新东方上市初股价是15美元,3个月之后上升到45美元,有些员工和股东很快就抛出套现,但俞敏洪从未卖出股票。即使是在自己的声誉和新东方的财务受到质疑时,俞敏洪仍旧选择增加持有。这一点难能可贵,当然也可以说是俞敏洪坚持教育的根本战略的体现。

从某种角度说,俞敏洪一手打造的新东方是一个独一无二的教育集团公司。新东方的企业价值和形象、竞争力,甚至产业的方向,都无可避免地与俞敏洪制定的企业目标融为一体。就竞争力来说,一个塑造得近乎完美的品牌，也的确没有必要三心二意，涌入其他行业。在一个领域做到尽善尽美，不断改造甚至适应教育环境，本身就可以抵消掉大多数的经营风险。

正如俞敏洪一直强调的，教育是人类永恒的存在。从这一点来说，教育永远不可能像其他传统产业一样，出现朝阳或者夕阳的衰落现象。教育的形式可以改变，内容可以改变，但教育本身会一直存在。

这样特殊的产业天然具有品牌塑造的优越性。在教育这个独一无二的产业中，新东方只要不断地适应和改变，也就会有更多更好的市场机会。也因此，看准了教育的特性的俞敏洪才可以如此坚决地保持着新东方前进的方向，带领新东方走向光辉的未来。

拓展透析

大多数企业家在企业达到一定规模后，都可能会因为成功产生一种多元化情结：既然在这个行业我是成功者，在另一个行业有什么不可以的呢？

从根本上说，多元化趋向是企业成长规律和人性弱点结合的产物。企业像人有生老病死一样，要经历从幼稚到成熟的阶段，随着时间的累积，规模和利润、抗风险能力并不同步扩张，而是在一定限度内达到极限。

企业规模变大，总利润增加，随之而来的人员和资源成本压力也在上升，抗风险、决策、管理的能力都相应降低。这时候，不可避免地需要用拆分的方式解决大的问题。比如垄断太大的或者市场份额和利润增长空间不大的，需要分拆业务，避免死气沉沉。投资和贷款都要分散，合理利用杠杆，避免鸡蛋打碎在一个篮子里。权力太过集中，需要分权和扁平化，给管理带来活力。

可是大多数时候，企业家们可能只是看到拆分本身的好处，总是对损失更加敏感，把风险的可能和可能的风险混为一谈。分拆业务直接变成了新上项目，投资分散化变成了乱铺摊子，管理分权变成了管理松懈。

只有极少数企业家，比如那些具有完美主义倾向、专注的人，可以避免这种危险。如俞敏洪、巴菲特等都属于长期盯住某一行业的成功者。他们很少考虑多元化，除去避免精力和资源分散，很大程度上也等于给自己减少了损失的可能。其实，能够减少冒险的损失，也就等于增加了收入、提高成功的概率。

可以说，专注某一领域的企业家更习惯在同一行业的上下游用自己熟悉的知识布局，用最周全的准备来应对不确定性。当然，就教育培训的产业化而言，有些人可能认为，这个领域是有着多元化的成功案例的。其实不然，迄今为止，所有多元化的教育公司还没有一家原先是教育起家的。这是教育培训本身的特质所决定。

第三节　一切为学生服务，一切为员工着想

新东方原来有句口号叫作"一切为学生服务，一切为学生着想"。如果现在要改一下的话，我们依然要"一切为学生服务"，但是可以把另一个"一切"改成"一切为员工着想"。

无论如何，我觉得新东方依然是做得最好的机构之一，因为我们能够反思。去年10月份，我给全体教职员工写了封有关新东方价值观的信。新东方到底是为谁而做？是为股东们？是为俞敏洪吗？是为了收入吗？回答是否定的。如果说为了这些东西而做，最后的结果一定是大家一起完蛋，我也跟着一起完蛋。

那么，我们到底为谁而做呢？新东方的价值观体现在什么地方呢？我们的高层管理团队成员今天全部在这儿，很多获奖的中层管理团队成员也在这儿，我们获奖的代表们，不管是老师还是员工，都是有影响力的。有这么一句话，"我们要影响有影响力的人"，那么现在请从我开始，我们来一起影

响新东方的22000多位员工和老师,让我们把新东方为之服务的两个主体放在心中。

第一是我们的客户,也就是我们的学生家长,统称为"学生";第二是我们的员工、老师,包括我们的管理者,统称为"员工"。新东方原来有句口号叫作"一切为学生服务,一切为学生着想"。如果现在要改一下的话,我们依然要"一切为学生服务",但是可以把另一个"一切"改成"一切为员工着想"。

如果新东方做不到这一点,新东方的发展将是不可持续的。如果在新东方工作的员工和老师都不快乐,新东方的未来将是不可持续的。当然,并不是每一个人都能成为新东方合格的老师、合格的员工或者合格的管理者。

因此,我们要认认真真地告诉我们的员工和老师:新东方的要求是什么,新东方的理念是什么,新东方的理想是什么。我们认真挑选、认真培养,我们不以量取胜,但我们以质取胜。也就是说,我们新东方的每一个员工都是合格的,都是有成长空间的。在这个基础之上,我们利用不断完善的薪酬体系,为员工、老师和管理者服务。

——俞敏洪2011年在新东方表彰大会上的讲话

背景分析

2011年3月18日,在新东方2010年总结表彰大会暨2011年工作部署大会上,俞敏洪以"一切为学生服务,一切为员工着想"为主题进行了讲话。俞敏洪认为,学生和员工是新东方价值体系的两条主线,因此也是新东方为之服务的两个主体。

在为学生服务方面,新东方首先是从学生的需求出发,不断延伸业务范畴,为学生提供一站式的服务。比如,新东方的早期学员选择新东方的目的非常明确,就是为了掌握托福、雅思的应试技巧,顺利出国留学。

但是,这些应试技巧新东方能传授,其他学校也能。在新东方创办之前,北京已经有很多家实力很强的同类学校,也能满足学员的需求。而新

第五篇 关键时刻之文化引导战略
我们要呼唤新东方价值体系的回归

东方之所以后来居上，其优势就在于服务理念，在于新东方以服务的心态不断开设学员所需要的课程，从而更好地服务学生。比如，新东方后来开设的口语训练、留学咨询业务等，大大延伸了外语培训业务链。

另外，新东方还以感恩学生、尊重学生的方式为学生服务。比如，俞敏洪在新东方开设了奖学金制度，每年都会拨款几十万元作为优秀学员的奖励，组织没有回家过年的学生开联欢会，学习结业的学生都会发巧克力，还为学生设置校长信箱、投诉电话、投诉传真、投诉电子邮件等。

除此之外，每次发奖之后，俞敏洪还要求新东方的主要领导向学生们三鞠躬。徐小平对俞敏洪的这一做法感到"很受伤"，觉得失去了师道尊严，但是俞敏洪不这样认为，他觉得"学生来听你的课，是学生对你的恩惠，向学生鞠躬表示对学生的尊重"。从俞敏洪的这些做法中不难看出，他将学生当成自己的衣食父母，所以在他领导下的新东方一切以学生为中心，为学生着想，为学生服务。

在为员工着想方面，如何增加员工、老师和管理者的收入，是新东方思考的一个重点，因为在俞敏洪看来，虽然新东方老师收入总的来说是增加的，比如原来新东方的老师、员工加起来的薪酬，在十几年前只占到新东方总收入的20%左右，现在占到55%左右，也就是说，新东方一半以上的收入花在了员工、老师和管理者身上，但是，由于新东方人数比原来多很多，平均下来新东方员工个体的收入并没有太多的增加。因此，俞敏洪通过提高新东方员工的工作效率和生产能力来不断提高员工的薪酬，这是新东方为员工以及每一位员工背后的家庭所提供的最基本的服务。

除此之外，新东方还注重为员工提供一个实现人生意义的宽松、快乐的工作环境，关心员工的身心健康，给予员工各种福利和奖励，让员工感觉新东方是一个温暖的大家庭，等等。

基于俞敏洪的判断，新东方现在正在进入红海市场，竞争对手也很强大，如果新东方的员工质量、老师质量、管理质量、系统质量等方面跟不上，新东方很快就会走下坡路。在这方面俞敏洪认为，新东方的价值判断是不要去想股东，不要去想收入，只需要坚持围绕两个"一切"：一切为学生服务，一切为员工着想。

在俞敏洪看来，做到这两点并不难，关键是"愿意不愿意去想，愿意不愿意去变和愿意不愿意去做"的问题。如果能做到一旦有一个学生不满意，新东方就有一系列办法去帮他解决，为了让每一个员工和老师对新东方更满意，新东方也有一系列办法去实施，那么新东方的发展会越来越好。

拓展透析

很多企业都已经意识到，客户是企业得以发展的根本，为客户服务就是为自己增值，所以"顾客至上"的理念早已被企业采纳。然而，关于员工是企业价值的直接缔造者，对员工也要做好服务这一点，却被很多企业忽视，或者做得不够尽心。对员工做好服务，沃尔玛的做法就值得很多企业学习。

早在创立之初，沃尔玛公司创始人山姆·沃尔顿就为公司制定了3条座右铭：顾客是上帝、尊重每一个员工、每天追求卓越。沃尔玛是"倒金字塔"式的组织关系，这种组织结构使沃尔玛的领导处在整个系统的最基层，员工是中间的基石，顾客放在第一位。沃尔玛提倡"员工为顾客服务，领导为员工服务"。

沃尔玛的这种理念符合现代商业规律。对于现今的企业来说，竞争其实就是人才的竞争，人才来源于企业的员工。作为企业管理者，只有提供更好的平台，员工才会愿意为企业奉献更多的力量。上级很好地为下级服务，下级才能很好地对上级负责。员工好了，公司才能发展得好。企业就是一个磁场，企业管理者与员工只有互相吸引才能凝聚出更大的能量。

但是，很多企业管理者看不到这一点。不少创业者总是抱怨员工素质太低，或者抱怨员工缺乏职业精神，工作懈怠。实际上，他们最需要反省的是，作为领导，他们为员工付出了多少？他们为员工服务了多少？正是他们对员工利益的漠视，使得很多员工感觉在企业不能实现自己的理想和抱负，于是选择跳槽离开。

这类创业者应该向沃尔玛公司认真学习。沃尔玛公司在实施一些制度或者理念之前，首先会征询员工的意见："这些政策或理念对你们的工作有没有帮助？有哪些帮助？"沃尔玛给出的领导者认为，公司的政策制定让员工参与进来，会轻易赢得员工的认可。

沃尔玛公司从来不会对员工的种种需求置之不理，更不会认为提出更多要求的员工是在无理取闹。相反，每当员工提出某些需求之后，公司会组织各级管理层迅速对这些需求进行讨论，并且以最快的速度查清员工提出这些需求的具体原因，然后根据实际情况做出适度的妥协，给予员工一定程度的满足。

在沃尔玛领导者眼里，员工不是公司的螺丝钉，而是公司的合伙人，他们的理念是：员工是沃尔玛的合伙人，沃尔玛是所有员工的沃尔玛。在公司内部，任何一个员工的名牌上都只有名字而没有标明职务，包括总裁，大家见面后无须称呼职务，而可以直呼姓名。

沃尔玛领导者制定这种制度的目的，就是使员工和公司像盟友一样，结成合作伙伴的关系。沃尔玛的薪酬在同行业中并不是最高的，但是员工以在沃尔玛工作为荣，因为他们在沃尔玛是合伙人，沃尔玛是所有员工的沃尔玛。

在物质利益方面，沃尔玛很早就开始面向每位员工实施"利润分红计划"，同时付诸实施的还有"购买股票计划""员工折扣规定""奖学金计划"等。除了以上这些，员工还享受一些基本待遇，包括带薪休假、节假日补助、医疗、人身及住房保险等。

沃尔玛的每一项计划几乎都是遵循山姆·沃尔顿所说的"真正的伙伴关系"而制定的，这种坦诚的伙伴关系使包括员工、顾客和企业在内的每一个参与者的相关需求都获得了最大限度的满足。沃尔玛的员工真正地感受到自己是公司的主人，他们尽可能为公司的发展做出自己的努力。沃尔玛这一模式使很多企业很受启发。

第十四章
传播新东方精神和思想

第一节 把"关爱文化"作为新东方的核心

> 我希望我能够带头把新东方的"关爱文化""人文关怀"执行下去，不仅从行为上，也要从制度上进一步完善。

在上个月的新东方高管会上，我对新东方的全体管理干部提出了把"关爱文化"作为新东方的核心，让我们一起关爱员工、老师，关爱学生，关爱家长，关爱社会。

很多领导已经在全体员工大会上传达了这种精神。新东方对员工好一点，员工自然就会对家长和学员好一点；家长和学员感觉到了好，就会让新东方的口碑更好一点；新东方的口碑更好一点，我们的发展就会好一点；发展好一点，我们就可以对员工和老师更好一点。这样，我们就进入了良性发展的轨道，加上新东方的教育梦想，我们就能够做成一个伟大的事业。

这一切都需要从我做起。检讨过去，我做得很不好。展望未来，我希望我能够带头把新东方的"关爱文化""人文关怀"执行下去，不仅从行为上，也要从制度上进一步完善，让新东方实实在在成为一个传递爱心、感受温暖的地方。

17年，新东方的成长才刚开始；17岁，新东方还算是一个青涩的少年。一路走来，我们有成就，也不断犯错误。犯错误不可怕，只要我们能够及时反思自己的错误，纠正自己的错误。

我相信新东方是有纠错能力的，因为我们不想从此停下脚步，因为我们依然志存高远,因为我们希望未来比今天更加美好。

——摘自《新东方17周年给大家的一封信》

背景分析

一个商人最看重的是顾客,一个老师最看重的是学生。在兼具商人、教师和学生三个身份的俞敏洪心中,学生是最重要的。俞敏洪有这样一句名言:"对学生不好,就变成了魔鬼。"可以说,对学生的好,没有任何条件和理由,只要学生表达了意愿,他就会立即满足他们。

在新东方,一旦知道有人做了对学生不好的事情,就会牵动俞敏洪的魔鬼神经,性格温和的他会变得不依不饶。比如,俞敏洪在新东方做了这样的规定:不管什么原因,不管有没有原因,只要学生要求退学费,就要立即退还。如果确实是学生无理取闹,有些老师认为可以不退,但是只要让学生有怨言,俞敏洪也会把那位老师叫过来批评一顿。

新东方的关爱文化,实际上在新东方刚创立的时候,俞敏洪就在做了。新东方创立时条件特别艰苦,但是俞敏洪依然千方百计去关怀和爱护学生,甚至到了宠爱的地步。比如,夏天热的时候,条件不好的教室没有空调,没有电风扇,新东方就会准备成车的冰块拉到各个教室。

当时北京到处挖坑修路,教室经常停电,俞敏洪不忍心让学生很远赶来了,因为停电上不了课而白跑一趟。因此,新东方每年都要准备上万支蜡烛、上百盏煤油灯,哪里停电往哪里运。20世纪90年代的北京需要点蜡烛、点煤油灯上课,可以说是《天方夜谭》里的神话故事,但是新东方为了学生实实在在地做了。

每当停电的时候,学生们会在黑暗中等待蜡烛,当蜡烛一根根点亮,从教室前排依次往后传的时候,光亮也不断向后传递,烛光照亮了学生的脸庞,照亮了学生的眼睛。

俞敏洪说,这是他"一生中看到的最美丽的眼睛"。他说,他当时感觉太神圣了,那种神圣庄严感无法用语言来形容。新东方创业时期,所有的老师都经历过这种场面。而这些，正是新东方对学生一点一滴的关爱的体现。

在新东方，俞敏洪是最没有架子却又充满关爱的一个人。在学生眼里，他像邻居家的叔叔，亲切体贴；在新东方老师眼里，他也不像一个老板，而是一个普通的充满活力的英语老师。新东方的老师们甚至可以开玩笑"批判"他，作为调节课堂气氛屡试不爽的方法。

当然，新东方的关爱文化不仅仅是关爱学生、关爱家长，也是关爱老师、关爱员工，乃至关爱社会。俞敏洪认为，新东方面临的是几百万的学生，关爱学生，为学生提供有效且快乐的成长体验，就是在关爱家长，让每一个家庭的幸福指数有所提升；也只有新东方关爱老师和员工，才能让他们更好地关爱学生；而新东方为教育所付出的努力，以及日常所做的一些公益事业，也是为这个社会尽了责任。

这就是俞敏洪将"关爱文化"作为新东方核心的原因所在。正是这种主动的关爱形成独特的新东方文化，让新东方为学生、家长、教师、员工以及社会都带来温暖、友爱，带来充满人文关怀的正能量。

拓展透析

在企业这个大家庭中，管理者与员工之间的协调一致是企业发展的内在动力。管理者要承认和尊重员工的个人价值，培养员工对企业的认同感、归属感，要对员工处处表现出关怀，这样才能赢得员工的爱戴。管理者要利用各种时机与员工进行情感上的沟通，从而创造出和谐的企业环境。

现代的领导典范强调管理者要制定政策，并要调动员工的工作积极性。当了解到员工有被调动积极性的愿望时，可以让出一些权力，给那些实际需要负责的员工。

公司的员工可以从管理者那里学到很多。他们可以学会对更多的战略性决策负责，改变旧有的工作传统，建立起新的团队工作标准。从凡事听命于上司的普通员工成为能独当一面的得力助手，这一结果是整个团队进步的表现。

失职的管理者没有这一能力和气量，他们把下属看成是私有财产，让他们从事不应从事的杂事，不给他们进步和培训的机会。这样做的结果是，部门生产效率不高，在这个部门的所有员工，甚至这个组织的实际掌权者，都把自己的智力资源留了一手，企业走向滑坡就是必然的了。

管理者表现出自己的魅力，做一个优秀的领头人，让员工有一种大家庭的归属感，企业工作氛围比较和谐，可以更大程度地激发员工发挥才智，为组织开创一个全新的局面。

现代管理学中著名的霍桑实验证明，与改善工作环境、实行计件工资、严明奖罚等措施比起来，经常与员工进行访谈沟通，给员工以主人翁的尊严和损益共担的归属感，更能广泛而持久地促进企业生产效率的提高。从心理学角度来看，人性中最深切的心理动机是受人尊重、得到肯定和被人赏识的渴望。如果无视这个动机，漠视这种渴望，提高员工的积极性就缺乏有力的心理支撑。如果习惯于以训斥求驯服，结果只能是压而不服。不尊重员工，管理者也不会得到员工的尊重。双方之间没有尊重，创建良好的工作氛围将只是一句空话。

在尊重员工的基础之上，管理者还要秉公办事。绝大部分员工不怕苦、不怕累，最怕管理者不讲原则，从个人利益、个人好恶出发，待人分亲疏、处事有厚薄，提拔、使用、奖励不公正不公开，从而令员工失去公平竞争的机会。管理者只有公道正派、公正廉明，员工才能口服心服，安心本职，干好工作。

保持领导的公正性，这就需要管理者从制度层面确定各个部门工作职位之间的明确分工。部门之间、岗位之间的合作是否顺利是工作氛围好坏与否的一个重要标志，明确分工才能有良好的合作。各部门职责明确，并不意味着互不相关，所有的事事都是公司的事，都是大家的事，职务分工是为明确工作程序由谁来具体执行，以避免互相推诿扯皮等影响工作氛围的情况的发生。

企业内部绝对不允许有官僚作风的存在，职务只代表分工不同，只是对事的权责划分，应该鼓励不同资历、级别的员工之间互相信任、互相帮助和互相尊重；每一个员工都有充分表达创意和建议的权利，能够对任何人提出自己的看法，主动地进行沟通，被沟通方也应该积极主动地予以配合、回答或解释，但沟通的原则应是就事论事，绝不可以牵扯到其他方面。

营造和谐的工作氛围最好从企业文化出发。从企业文化建设着手，提高员工的工作激情，营造一个相互帮助、相互理解、相互激励、相互关心的工作氛围，从而稳定员工的情绪，激发员工的工作热情，使员工形成共同的价值观，进而产生合力，达到组织目标。

另外，创建和谐的工作氛围，并不是呆板地整齐划一，而是将不同团队成员最大限度地统一起来。古人说："欲谋胜败，先谋人和。""人和"有两层含义：一是营造亲密、和谐的氛围，二是营造包容个性、和谐发展的生动局面。正如孟子所说："物之不齐，物之情也。"我们不能因为强调严格管理而排斥员工的个性，不能因为强调集体利益而忽视员工的正当权益。

企业管理者要把尊重员工个性、维护员工权益、促进员工全面发展作为领导的新理念、育人的新追求。这样，员工的创造智慧就会竞相迸发，企业的生机活力就能充分展现，员工的归属感也将逐渐增强。

第二节　新东方的课堂必须有效、快乐、励志

新东方没有办法改变中国的教育制度和教育体系，但新东方总希望能够帮助孩子做点什么，让他们的学习更加轻松、更加有成效一点。

新东方看到了父母的痛苦，也看到了孩子的挣扎，更看到了中国教育体系的僵化和落后。在孩子苦苦挣扎的背后，他们失去了做梦的童年，快乐的

少年，更要命的是他们失去了自己的个性和爱好，被中国的教育打造成像鹅卵石一样，没有任何棱角和特点的同质人群。中国的教育中缺少大师级的人物，更悲惨的是，现在中国教育制度下培养出来的新一代人中间，也不太容易走出大师级的人物来。

新东方没有办法改变中国的教育制度和教育体系，但新东方总希望能够帮助孩子做点什么，让他们的学习更加轻松、更加有成效一点。从新东方成立伊始，我就确立了三个原则：一是新东方的课堂必须是有效的课堂，二是新东方的课堂必须是快乐的课堂，三是新东方的课堂必须是励志的课堂。有效，学生就能够学到东西；快乐，学习才会成为一种乐趣；励志，学生才能从"要我学"变成"我要学"。

优能中学教学系统正是针对这三大要点的一种尝试。优能系统化的教学模式，使新东方的课堂更加有效，这种有效不仅建立在老师的水平上，更重要的是通过系统的引导，能够把老师和学生紧密结合在一起。

同时，通过系统有针对性的个性化教学内容，学生能够迅速解决他所面临的难题，在解决难题的过程中收获学习的乐趣，再辅以新东方一贯风趣幽默的教学方式，达到内容和兴趣的完美结合。

最后，新东方没有忘记励志的重要性，不管学生学习什么样的内容，都会有新东方的励志语言和故事相伴，让学生时时得到鼓励和力量，也为老师进一步对学生进行励志教育奠定基础。

——摘自《变革才能成就：为优能学习系统上线而作》

背景分析

俞敏洪希望新东方的学生不仅能在新东方学到知识，还能得到一种新的成长。基于这样的理念，有效、幽默、励志这三个方面成了新东方的金字招牌。新东方的老师，除了具有"实用主义"的特点之外，更重要的是具有"人文主义"的情怀。

为了让学生在课堂上学到东西，俞敏洪要求新东方的老师一定要对学生需要的内容准备充分、研究透彻，保证学生顺利通过考试。比如，俞敏洪为了教学生的雅思课程，日夜备课，拼命地翻各种英语词典，甚至把家里的每个角落都贴满了英语单词，每天光备课的时间就长达10个小时。

俞敏洪的努力，让他在课堂上能够游刃有余，能够给学生们提供最有效、最全面的知识，也让新东方拥有很受学生欢迎的红宝书——《GRE词汇精选》。俞敏洪认为，有效的课堂就是能够将最复杂的句子和结构用最简单的语言讲清楚，让课堂上每一个学生都听得懂。而且，还要让托福考试200分水平和600分水平的人都能全神贯注地听，并且都很有收获。

幽默也是俞敏洪一直强调的新东方老师的基本素质，之所以成为新东方的金字招牌，是基于俞敏洪希望学生们快乐学习的初衷。新东方的老师以喜欢在课堂上展示自己幽默、睿智的一面著称，他们能让学生在一片欢声笑语中轻松地学到知识。如果说哪里的老师是以幽默出名的，大家一定会想到新东方。

而且，由于新东方很多老师是留学回来的，他们大量借鉴了欧美国家自由的教学方式，不再是"填鸭"式的满堂灌。为了与中国教育的具体实际相结合，他们做了大量工作来研究试题，使其规范化，具有可操作性，然后再教授给学生。新东方老师通过幽默快乐的课堂氛围、生动活泼的讲解和互动式的教学方法，让学生的学习充满乐趣，使学生受益匪浅。

除了有效、幽默之外，新东方还有一块更响亮的金字招牌——"励志"。新东方精神其实就是一种励志精神，是一门"成功学"。俞敏洪曾表示："新东方是有一点成功学的，但它不是把成功学仅仅体现在表面上，而是发展出一套成功学背后的综合价值观念。"

一定程度上，新东方的成功缘于俞敏洪用励志的方式对所有学生进行了一次积极的鼓励。俞敏洪认为这是新东方发展过程的一个创新，"做生意实际上就是在看人们内心到底需求什么，就像新东方知道学生渴望更加成功，渴望更加幸福，渴望通过自己的努力踏上人生新的台阶，这就是新东方所有教学和所有工作的落脚点。"

新东方称得上是中国教育业划时代的产物，但在俞敏洪眼中，新东方只是一个让学员们快乐学习、成长的地方。俞敏洪认为，新东方与众不同的地方，除了有顶尖的英语老师，还会聚了一群乐意感知社会变化，以及推动社会变化的人。新东方的老师教给学员们做事的心态，做人的胸怀、理想、追求和目标等，这使得学生的潜能被激发，能够最大限度地利用新东方的教学资源，更有效、更快乐地学到东西。

而且，新东方多元化的教学风格造就了一批学生喜欢的"明星老师"，激励性的精神鼓舞也受到学生的赞誉，这些都会在学生中形成口碑效应，每一位学员都会成为新东方的义务广告宣传员。

相对而言，新东方学员在积极的精神鼓励之下更加勤奋刻苦，又从另一面诠释了新东方精神和内涵，他们孜孜不倦的追求精神点燃了新东方老师为教育事业甘愿奉献的热忱。这种教与学共同促进，一起追求成功的状态，让新东方拥有更加独特的魅力。

在新东方通过三大招牌不断壮大的同时，许多只重视教学效果的竞争对手纷纷倒下，退出培训行业。这也说明俞敏洪的智慧：一个不注重人文关怀，不注重精神价值体系架构的教育机构是没有灵魂，也走不远的。

拓展透析

如果说俞敏洪的新东方课堂是独一无二的，能够传达出新东方精神，那么，更一般地说，这样的取向和做法在我们这个时代并不孤单，更不是无法企及的神话。这是所有成功的代表性企业产品的共同哲学化创造方式。

"光有技术是不够的。更快，更薄，更轻，这些都很好，但抛开技术之后，一切变得更加愉悦，甚至神奇。这时，你便超越了。于是就有了这样的产品。"这是乔布斯给他最后一款苹果产品IPAD2所做的广告词，也被人们视作乔布斯职业生涯最好的总结。这也是苹果精神最具概括性的总结。

自从管理学家意识到企业的员工是有着情感和社会联系的，能够在生产中传递真实的思想和体验，企业文化和精神的塑造，营造特殊的生产或者文化氛围就变得日趋重要。一个优秀的企业管理者，如今最有难度且最迫切的任务之一是：如何最大限度地激发员工向上进取的精神，推动员工在生产和生活中发挥最大的能动性，带来企业价值的最大增值，使得管理体系最优化。

在不少互联网业界人士看来，腾讯的不少产品是缺乏打动人心的灵魂的，模仿式竞争始终不具有挑战者的基因。大多数的产品使用者，即使是QQ用户，也会时常不自主地将所有的应用看成是山寨版本的体验。然而，张小龙领导下的微信，似乎正在打破人们的这一印象。

正如腾讯的对头之一周鸿祎所说，微信一开始是模仿，但这个团队没有仅仅停留在抄袭功能上，今天微信很多功能是腾讯在创新，超越了同行。实际上，微信从某种角度说是张小龙生活方式甚至精神价值具体化的结果。在微信的创造上，正如周鸿祎所言，微信对于所有人，包括对手在内，首先是一种精神上的胜利。

15年前，据说张小龙就是中国排名前十的程序员。Foxmail是他开发的第一款优秀的国产电子邮件客户端软件。2005年，张小龙加盟腾讯，负责QQ邮箱业务。但尽管QQmail成功了，张小龙仍感到遗憾。这是一款在产品体验上细致入微的产品，是张小龙个人独孤求败的心血结晶，但这款产品的真正流行，是在教会网民使用@符号若干年之后。

张小龙想获得突破，在程序员的乏味印象之外，他有着自己的追求：从后来的微信分享中人们分析：他每周会打一次网球，喜欢许巍的《蓝莲花》，可能是中国为数不多的具有文艺范儿的产品经理。总的来说，这是个相信人生中最多只有10个好朋友的孤独文艺男青年。然而微信的创作灵感就来源于这份同千万网民一样的"莫名孤独"。他不愿意只是被人看作一个毫无资质、不能传达自己精神的人。

在他的微信团队里，张小龙沉默得像个谜，香烟爱好者的创作方式，无形中感染团队的每一个人。张小龙团队开发微信的历程，就如同他对孤独的看法一样，他要让微信从一开始就成为一种生活方式。在广州寂静的夜晚，他们通宵达旦，三五成群地讨论，玩笑，俯卧撑，一群"黑暗中的矿工"就是在一个几乎网络现实化的环境中创造出了微信。

微信横空出世，在8个月里横扫市场。人们还在围观，张小龙也去围观，最后只在微博上留言："你说我是错的，那你最好证明你是对的。"有人指责微信抄袭kik和TaIkbox。最后，选择沉默的团队在微信3.0的开机页面上这样表白：谨以此版本纪念迈克尔·杰克逊，感谢他的音乐陪伴我们的产品开发之旅。微信的产品，显然既包含开发者和管理者痛苦的煎熬历程，同时也承载了他们的某种自信。

2012年7月24日张小龙作了一个长达8小时的《微信背后的产品观》演讲。《华尔街日报》中文版将"中国创新人物奖"科技类奖项颁给了张小龙。这就是"微信之父"的精神回报。然而，微信的革命化创新还远未结束，如今微信沃卡的推出，预示着商业化的微信正进入腾讯和张小龙精神追求的第二步。

事实上，无数伟大的企业和管理者的过往辉煌证明，有一条真理是颠扑不破的：有伟大的精神才能制造出伟大的产品。光有技术或眼花缭乱的营销是不够的，伟大的产品和企业必须有一种精神支撑，只有倾注了生产者和管理者灵魂的产品才能够打动人心，才能拥有无懈可击的竞争力。

对于企业的管理者来说，如果想要缔造伟大的至少是最富竞争力的企业和产品，那么有效地凝聚企业精神和文化价值，不失为一条捷径。当越来越多的企业开始意识到这一点的时候，人们必将看到，一个崭新的商业时代正向中国社会走来。

第三节　不符合新东方精神的人要排除出去

如果不符合新东方文化的人出现，公司内部自动更新、自动淘汰的机制，就会把不符合、不代表新东方精神特质和思想文化的人，自动排除出去。

房龙曾经写过一本书，叫作《宽容》。宽容，不管是宗教的还是社会的宽容，都促使西方社会的文明走向今天。西方文明之所以能够到今天还在世界文明中占有优势地位，并不是一个文明延续了2000年形成的，而是几十种文明融合和取长补短的结果。

西方文明从古埃及和东方文明起源，然后形成了希腊文明，希腊文明又形成了罗马文明，罗马文明形成了日耳曼、法兰西和英格兰文明，最后到法国大革命时形成了资本主义萌芽的文明，到美国形成了现代商业文明基础。

所有这些西方文明的融合最后形成了积极、快乐、开放的文化基础。如果新东方想要做好，实际上也必须形成一种开放、积极的文化，而且任何优秀的文化都必须形成自动更新、自动淘汰的机制。

所谓自动更新、自动淘汰，就是指如果我们确认新东方有一种文化氛围，那么任何一个新东方人都应该明白，什么样的人是不符合新东方文化氛围的人，也就是说不符合新东方特点的人。如果不符合这种文化的人出现，这种自动更新、自动淘汰的机制就会把不符合、不代表新东方精神特质和思想文化的人，自动排除出去。

——俞敏洪2004年对新东方管理者的讲话

背景分析

新东方是无数人梦想的发源地和实现梦想的新起点。成千上万的人以新东方为垫脚石，圆了自己的留学梦。同时，与新东方英语培训品牌一起为人们所知的，还有新东方精神。俞敏洪认为，新东方之所以成为新东方，之所以不可复制，正是由于新东方精神。

因此，俞敏洪选择老师时，对他们能否认同新东方精神很看重。"成为新东方老师的前提条件是必须认同新东方精神。"对此俞敏洪有着自己的坚持，他认为这是新东方的核心竞争力，只有这样才能保证新东方的教学质量，并传承新东方思想。

在俞敏洪看来，人活着需要有一种感觉，新东方之所以被很多人接受，也是因为新东方有一种精神存在。凡是到过新东方的人，都能感受到

第五篇 关键时刻之文化引导战略
我们要呼唤新东方价值体系的回归

一种活力、一种顽强和一种豁达。据调查，许多学生选择新东方，除了看重培训水平外，浓厚的新东方精神也是吸引他们的重要因素。学生们把新东方比喻为"一本永远读不完的书"，"来到新东方，收获最大的不是英语知识的提升，而是对人生奋斗不止的精神，对生活永远充满激情"。

那么，到底什么是新东方精神呢？俞敏洪是这样说的："新东方精神就是当你的人生痛苦而绝望的时候，你依然可以坚强地活下来并寻找生命的新起点，而不仅仅只是活下去，更不会想到去死。所以，新东方精神的内涵是即使你痛苦地活着，依然要有朝气蓬勃、奋发向上的精神，要有从绝望中寻找希望的精神。只有做到了这点，你才能在未来更好地活着。这就是我们所倡导的新东方精神。"

俞敏洪认为，新东方精神最强大的一部分就是：不管面对什么样的环境，都要坚韧不拔地成长起来；不管面对什么样的困难，都要克服困难继续让人生往前走。新东方精神归纳起来说，正是新东方的校训所表达的："从绝望中寻找希望，人生终将辉煌。"

所谓"从绝望中寻找希望"，就是一种积极心态。每个人都有绝望的时候，不管是在心理上、生理上还是环境上，不管是富有还是贫穷，每个人在人生中都曾身处绝望的境地，关键在于怎么从绝望中找到希望，而不是只看到绝望，这就是新东方精神所要传达的一种积极的力量。

俞敏洪曾说："新东方精神对我而言，更是在痛苦之后决不回头的努力，在绝望之后坚忍不拔的追求，在颤抖之后不屈不挠的勇气，在哭喊之后重新积聚的力量。"俞敏洪产生这样的感触是因为新东方精神正来源于其自身的人生经历，相较于他人，新东方校训所指示的道理在俞敏洪心中有着更加难忘、更为深刻的印记。他认为，这种精神也是对所有成功者自强不息精神的最好总结，俞敏洪希望"从绝望中寻找希望"这句话能通过新东方的课堂传达给更多的人。

在俞敏洪看来，学生对新东方精神领悟得越早越好，更有利于他们树立正确的人生观和世界观。这也是俞敏洪要求新东方的老师必须具备新东方精神的原因。

拓展透析

一位著名企业人力资源总监说过:"一个人选择工作实际上是在选择价值观,因为有价值观,组织成员就不会仅仅以个人利益行事,而是能够从更广泛的意义上看待事情。"

认同所服务公司的价值观和发展愿景,关键在于个人与组织的价值观能够一致。当个人的价值观和组织价值观达成一致时,个人将会获得取之不尽的工作动力和极大的工作激情。

而不接受企业文化与价值观的员工,会对自己的工作及周围人的工作产生消极影响。如果员工不能认同公司的文化,企业就会形成内耗。当员工的心力没有往一处使时,企业的合力就会变得很小,在市场竞争中就会显得很脆弱。

在企业管理方面,我们经常会提到"3个石匠"的寓言。这个寓言是这样的:

有个人经过一个建筑工地,问这里的石匠们在干什么,3个石匠有3种不同的回答。

第一个石匠回答:"我在做养家糊口的事,混口饭吃。"

第二个石匠回答:"我在做最棒的石匠工作。"

第三个石匠回答:"我正在盖一座教堂。"

如果用"自我期望""自我启发"和"自我发展"3个指标来衡量这3个石匠,人们会发现第一个石匠的自我期望值太低,第二个石匠的自我期望值又过高,第三个石匠的目标才真正与工程目标、团队目标高度吻合,他的自我意愿与自我发展行为才会与组织目标的追求形成和谐的合力。

马云及阿里巴巴非常重视企业文化的建设,同时也注重培养员工对企业文化的认同。马云认为,作为CEO和创始人本身最大的职责就是企业文化的推广者,就是首席文化官。制定企业文化目标、共同的使命和价值观很容易,最难的地方在于点点滴滴地实施。任何一个企业的文化必须和它所处的行业和公司的特点相吻合。

阿里巴巴的独特价值观是：共同实现创业的梦想，一起实现改变历史的梦想，一起实现创造财富的梦想，一起实现分享财富的梦想。阿里巴巴在招聘过程中十分注重能够认同这一价值观的人。

马云曾说："进入我们公司以后，必须认同我们的文化，认同我们的理想。我们所有的人都是平凡的人，平凡的人在一起做件不平凡的事，如果你认为你是精英，请你离开我们。"阿里巴巴B2B公司CEO卫哲也说："价值观再好，这么多新员工加入，也会面临企业文化被稀释的问题，我们希望通过招聘和培训，使企业文化被稀释得少一点，然后再慢慢回复过来。"

越来越多的管理经验表明，个人与组织共享的价值观能提高个人与组织的效率。认同组织的价值观，大家就能够同舟共济，共同为一种价值观和目标而奋斗，许多优秀团队都有相似的价值观和信念。

正如古希腊哲学家苏格拉底所说："不懂得工作意义的人常视工作为劳役，则其心身亦必多苦痛。"同样的工作内容和方式，融入团队意识会给员工带来心态上和精神上的巨大改变，原本单调的工作也会升华为精致的服务，由此员工将为公司、为自己创造更多的价值。

总之，没有共同价值观的企业必定是松散而没有竞争力的，如同大海中失去航向的船只。企业管理者应注重培养员工认同企业的价值观，因为员工在认同的基础上才会对工作的价值有更多的认同，这种永恒的追求信念赋予员工以神圣感和使命感，并鼓励员工为崇高的信念而奋斗。它将会决定组织全体人员共同的行为取向。

第十五章
立足于价值与责任的守望

第一节　新东方是一项创意产业

新东方突破了中国传统的教学模式，摸索出了一条可能是别人没有摸索到的新的道路。

为什么把新东方称为创意产业？我们也是在人家的技术基础上建立起来的，但是新东方突破了中国传统的教学模式，摸索出了一条可能是别人没有摸索到的新的道路。我的感觉，每一次突破都是每一次积累的结果。

——俞敏洪2007年在首届全国创意产业与风险投资峰会上的讲话

背景分析

2007年12月15日，中国改革与发展论坛首届全国创意产业与风险投资峰会在上海举行，其主旨是让人们了解创意产业发展的情况，其中，新东方、阿里巴巴、腾讯、分众传媒等创意企业与风险投资合演的奇迹，被作为一个个精彩案例来宣传。

如今，新东方可以说已是中国英语培训业的代名词。此次参加创意峰会，说明新东方有创新，有与众不同的地方。俞敏洪解释说，新东方之所以被称为创意产业，是因为新东方突破了中国传统的教学模式，摸索出一条新道路。而这条新道路形成了新东方特色，后来发展为"新东方模式"，包括"多种流派，百花齐放"和"营销一种人生精神"两大内容。

新东方的教学方式灵活，而且创新很多，对于老师的教学风格也是兼容并包，鼓励百家争鸣。如果按授课特色来划分，新东方老师可以分为三个流派：激励派、学院派和激情派。

俞敏洪是激励派的代表人物，他追求通过语言的力量调动学生高昂的学习热情，注重课堂氛围。他运用哲理性的语言，激发学生的爱国主义精神、民族复兴精神，甚至对爱情的不懈追求；他还在枯燥的英语学习中注入幽默、笑话、知识、人生激励，使得苦闷的学习过程变成追求人生目标的快乐享受。

俞敏洪认为，语言是一种鲜活的东西，是有传播魅力的，是随着历史、社会的变化发展的科学。学生喜欢活的语言，老师用陈旧的语言讲课，是没有吸引力的，所以说内容正确重要，但更重要的是传播的方式和形式是不是有魅力。他领导的激励派可以说是改变了中国外语教学的模式，让课堂气氛轻松活泼，让老师可以自由发挥，老师和学生都能享受传播和接受知识的过程，其乐融融。

学院派的代表是胡敏。他寡言少语，身上有股学究气息，很少说笑话，讲课也不像激励派那样激情四射、妙语连珠。但是，他严谨的风格和缜密的思路征服了许多听惯激励派老师谈笑风生的学生。

新东方曾经有位学员在给老师评分的时候，先对其他几位老师大加赞赏，充满溢美之词。但是他认为，其他老师本来都可以得4.5左右的高分，而在他听完胡敏老师的讲座之后，只给他们打了4.0分，给胡敏老师打了5.0分。他认为并非其他老师不够优秀，只是与胡敏老师比较起来还是有差距。虽然这只是一位学生的个人之见，但是胡敏"学院派"的魅力显露无遗。

激情派是江博创立的，主要是指他的"激情新概念英语"。他讲究激情演绎、审美教学，所以他的风格介于激励派和学院派之间，立足于从本质上寻找中国学生多年来学不好英语的症结所在，充分挖掘学生内在的巨大潜力。早期新东方条件艰苦，江博老师的"教室"是中关村礼堂二楼左右两条狭长的过道，开始是只能放32排、73个座位的"小教室",后来换到32排,能放101个座位的"大教室"。由于距离太远,后排的学生为了看清讲台上的他,不得不用望远镜来缩短与"崇拜者"的距离,可见其追随者之热情。

这些流派风格各异,百花齐放,形成了新东方多元化的教学风格,也造就了一大批"明星老师"。每次培训结束,学生都争着请老师签名、和老师合影、给老师献花。这俨然成了追星族和明星的关系,难怪有人笑称"新东方的三尺讲台是一个造星T台"。

各流派多元化的教学风格和教师实力是新东方成功的法宝。但是,新东方能稳居国内英语培训老大的地位,仅凭一件利器是不够的,它还有一样独门功夫,就是在给学员们传授知识的同时,通过有教育意义的励志教育,向学生心中传递一种积极向上的独立精神。

俞敏洪正是用新的创意创造了独特的"新东方模式",这也为新东方带来了新的意义。这样,新东方就不单单是培训机构、提高英语能力的地方,它已经成为众多学生找到快乐、激情、勇于追求成功的象征,并成为学生们插上希望的翅膀、追寻心中梦想的起点。

拓展透析

创意产业是近年来新兴的第三产业之一,其特点是信息知识密集型,生产方式主要以知识再加工创造高附加值产品为主,包括设计、科研、知识传播、技术更新等。创意产业,实际上通常也被叫作知识产业,是自从计算机和网络诞生以来依托两者传播、存储、复制、修改的技术,衍生了一大批集合传统文化和信息产业的新的服务行业。例如堪称世界历史上最早,最悠久的创意公司迪斯尼公司。

事实上,文化创意很早就出现了。1928年沃尔特·迪斯尼制作的米老鼠系列漫画电影就取得了巨大的成功。不过,迪斯尼公司经典的动画形象,比如白雪公主和小矮人、三只小猪、匹诺曹等在产业和财富上的成功却是在1952年之后。尽管迪斯尼公司一直十分小心地避开电脑技术在动画

第五篇　关键时刻之文化引导战略
我们要呼唤新东方价值体系的回归

方面的应用，但随着《玩具总动员》这类电脑动画尝试的成功，迪斯尼主题公园在电脑设计和创意制造的优势逐步体现出来。

绝大多数新兴的创意产业实质上原型或者说知识材料的元素都十分古老。之所以被叫作新兴产业，主要是因为这些产业在信息上重新设计、组合、改造后，在信息传播上逐渐占据了娱乐教育收入的主要部分。绝大多数创意产业的管理者和企业，一般来说并不局限于文化传媒和教育、广告类的背景，但大多数情况下，这些产业的从业者和直接生产者都属于知识丰富、受教育水平高、创新和人文精神氛围浓烈的人，其管理也就倾向于自由或者创新导向。

20世纪60年代开始，马克鲁普就将从事教育、信息、文化出版、科研、设计相关产业统统归类为知识产业。这些产业在美国国民经济的生产和分配领域中占据的份额越来越大，到2013年，美国国家统计局甚至决定将布兰妮或者Lady Gaga创造的艺术收入也归入国民收入统计中。实际上，在西方和日本，类似的教育业和娱乐动漫、设计创意、广告营销等行业，不论其从事的是知识的简单加工，还是复杂的研发，都被看作创造财富的最主要方式。

在中国国内，由于第三产业中新兴服务业发育不良，人们一度将教育和文化娱乐行业视作不创造价值的服务性行业。这本来是一种偏见和认识误区。类似新东方这样的教育产业化行为，在西方就是一种创意产业。在西方，绝大多数私立的职业教育并不把自己的角色定位于传统的教书育人、传授知识，而是作为工业文化和传统的输出者。印度的软件外包业很大程度上和街头随处可见的培训学校和职业化的教育咨询帮助有关。

随着互联网在中国社会的应用日趋广泛，视频、咨询、社交网站成为被人熟知的创意产业，其中仅仅优酷、土豆、乐视网等三家视频网站创造的下游市场规模就达到数百亿美元。艾瑞数据显示，2011年在线视频行业市场规模62.7亿，同比增长99.9%，其中，来自视频广告的收入为42.5亿，同比增42.5%，版权分销收入翻番，占比增至13.1%。

其他如网络文学、游戏和动漫类娱乐创意市场的规模，更是接近数千亿美元。盛大文化、巨人网络、腾讯游戏，已经成为中国举足轻重的大型集团公司。文化创意产业园在不少地方已经被列入优先发展的支柱产业基地。对企业者来说，应该有一个清晰的认识，在中国未来的经济转型中，文化创意产业将作为支柱性产业受到广泛的支持，前景十分广阔。

第二节　我们要完成两个社会责任

> 一个企业在完成自身社会责任的同时，是不是愿意扶贫济困，捐资助学，热心公益……我觉得这属于它的第二社会责任。

在我的心目中，企业的社会责任分成两块。第一块是蕴含于企业本身之中的社会责任。一个企业本身没有社会责任感、光以赚钱为基础，这个企业是做不长久的。

举一个简单例子，比如说我开了个造纸厂，造出的纸印成书，可以传递知识和文化，从这个意义上说，造纸是一个伟大的事业，但是造纸厂在造纸的同时，为了利益不采取环保措施，以致污染了江河，污染了中国的青山绿水，这个造纸厂的意义就被污染给抵消了，变成了负面影响；造纸厂的老板，只有在污染控制住的前提下，才能说服员工和社会，告诉他们这个造纸厂是伟大的。

从这个意义上说，新东方是完成了自身社会责任感的企业。因为，首先新东方没有违法乱纪，没有污染环境。其次，新东方对学生的教育和培训，尽管短暂，甚至肤浅，但是至少我没有看到任何一个学生，因为受了新东方的培训而堕落。我们看到的是学生在成长，英语水平在提高，眼界在开阔，信心在增加，志向更远大。

一个企业在完成自身社会责任的同时，是不是愿意扶贫济困，捐资助学，热心公益……我觉得这属于它的第二社会责任。为什么这样说呢？因为

第五篇　关键时刻之文化引导战略
我们要呼唤新东方价值体系的回归

企业第一社会责任完成了，就已经做好了企业应该做的事情，就已经为社会带来了好处。企业合法经营，又向国家纳税，增加就业机会，其实企业的良性循环系统就完成了，每个企业如果都做到这点的话，即使不再去捐款，企业对社会的基本义务也就完成了。

但我这个说法并不是说企业做到这一点就够了，企业本身已经完成最基本的社会责任的时候，第二个社会责任就变得非常重要了。因为这个世界毕竟不是完美的，任何一个国家、任何一个地区都有贫困，都有被疏忽的弱势群体，都有受过伤害的人，都有自然灾害，不管在中国还是在美国，不管在欧洲还是在非洲，都有同样的情况，只不过人群的多少不一样而已。

而中国处在一个社会结构转型和体制改革的时代，国家和社会还没有发展到可以面面俱到地去照顾好每一个人，因此企业、社团、富裕阶层在基本义务之外，承担更多的社会责任，就变得非常非常重要。

——摘自《新东方的社会责任》

背景分析

2008年汶川大地震后，企业社会责任成为社会高度关注的对象。企业的社会形象和文化品牌的认知度，很大程度上开始和社会责任挂钩。在汶川大地震后，不少企业家在捐款和社会责任问题上出现偏差，成为网络舆论口诛笔伐的对象。例如王石就因为对员工每人限捐"十块"，被贴上"王十块"的恶意标签。而新东方在这一场史无前例的世纪大灾难面前，企业的社会责任和形象得到了最大限度的正面展示。

在地震发生时，俞敏洪正在全国巡回演讲的路上。一听到消息，他迅速和几位负责人碰头，在最短时间内制订了集团公司社会捐赠的计划。新东方对于汶川地震救援的捐款总数达到1500万元。以新东方的营业规模来说，这样的捐款实属难得。2007年，俞敏洪套现股票，也只不过得到4亿元而已，但这笔钱大多数被俞敏洪花在香港设立的慈善捐助基金会上。

俞敏洪是一个具有悲悯心的企业家，他总是能在别人、社会需要帮助的情况下伸出援手，帮助身陷困境的人们。在俞敏洪眼中，新东方的社会责任是被划分成企业经营责任和社会责任的。

首先，新东方是一个企业，有其相应的经营责任。企业不能够赢利、赚钱，导致员工失业，或者新东方的教学成果是失败的，的确是一种不讲道德的行为，也是经营责任缺失的行为。

正如俞敏洪所言："学生们在新东方的学习时间虽然短暂，但他们在新东方这里获得了成长，知识水平在提高，眼界在开阔，信心在增加，志向更远大。在为社会培养出更多有用人才，帮助更多的人获得改变自己人生的能力的同时，新东方也获得了业务的增长和经营上的成功，为股东创造了价值，为国家贡献了税收和就业机会，为社会进步培养了人才，从这个意义上说，新东方实现了企业责任的良性循环。"新东方老老实实地做企业，守住价值和法律的底线，诚信经营，做大做强，显然就是企业自身经营责任的基本要求。

新东方作为营利性的教育企业，一直诚信纳税，提供就业岗位，这一点在中国的教育行业来说有口皆碑。毕竟在各个大学争相贷款扩张，债务无法偿还，甚至师德有愧，教学氛围滑落之时，新东方仍能逆势而行，这尤其难能可贵。

其次，新东方作为企业，并没有脱离社会，更不曾以企业之名，以利润为目标，断言放弃社会责任。作为上市公司，新东方在国内外都要和员工、社区、机构、潜在的社会弱势群体打交道，这本身就是新东方的社会责任的第二个对象。

新东方从一开始就捐建希望小学，派老师到贫困地区去进行支教活动，这一教师规模长期保持在几千名左右。随着新东方进入中学全科教学领域，新东方已经有培训中学各科教师的力量，俞敏洪也不断设法将全科教师的培训纳入贫困地区助学的范围；在贫困地区建设一批实验学校，将新东方的先进教学经验和教学体系引进这些学校，把这些学校建设成示范学校。俞敏洪的一个庞大计划是：每年资助5000余名贫困大学生，向50000余名经济困难的大中小学生提供免费的新东方课程培训。

第五篇 关键时刻之文化引导战略
我们要呼唤新东方价值体系的回归

新东方还将这些社会责任以指标和任务的形式与新东方管理干部的奖金挂钩，与老师的荣誉和奖励挂钩。在俞敏洪看来，只有这样才能既产生积极性，又有约束力。俞敏洪说："如果我那些股票最后逐渐地给我这样的机会换成现金的话，所有的钱我会用来资助中国贫困学生学习，资助贫困地区的孩子上小学、中学，资助贫困的高中生上大学，在大学也资助贫困的学生，这个是我一直想做的事情。"

俞敏洪生于贫困家庭，在他艰难的求学道路上有很多好心人支持他。成功后的俞敏洪对社会的回报和希望也更加热切，促使他自觉地献身于教育慈善工作。在整个新东方的管理体系和价值塑造中，俞敏洪始终坚持将个人的价值取向，特别是回报社会的正面价值观、正能量等广泛贯彻，并以行动和意志带动每一个员工参与其中。

2004年，俞敏洪代表新东方教育科技集团向社会捐赠善款总计143万余元人民币，他也因此成为"2005中国大陆慈善家排行榜"上唯一的一名教育家。未来新东方在这一条漫长的社会责任路上还将走得更远，更坚定，更加稳健和自信。至少在俞敏洪眼中，这是他办企业的力量和理想的源泉之一，也是新东方事业的新的支柱。

拓展透析

2010年，比尔·盖茨和巴菲特来到中国举办慈善晚宴。两人来华的目的，是通常慈善晚宴的形式，对中国富豪"劝捐"。到场的中国企业家一共约50人，有王石、陈光标、余彭年、曹德旺、柳传志、张朝阳、马云、李连杰等。

当然，主动参与社会责任行动，比如捐助和慈善，对于企业提升公共形象和社会认可有很大好处。甚至很多企业在之后的经营中，还能收到社会最大限度的回报。比尔·盖茨就曾说，他从慈善中得到的反而更多。其实，中国不少著名的社会责任品牌企业也是同样如此。

事实上，中国企业家在主动承担社会责任这一点上，并不落后于比尔·盖茨和巴菲特。比如，"民营慈善第一人"曹德旺在做慈善方面就很高调和务实。

2011年5月5日，曹德旺成立了中国第一家家族基金会——河仁基金会。该基金会对福耀玻璃持股14.98%，其比例之高在西方也十分罕见。按照章程，河仁基金会将在中国的教育、医疗、环保、紧急灾害和灾后重建几个领域发挥作用。

曹德旺捐出价值35亿元的股权，用每年的分红和资本运作所得去做慈善。在一次性赠予河仁基金会3亿股股权后，曹德旺应缴纳的所得税款高达5亿余元。2010年5月4日，曹德旺委托中国扶贫基金会把2亿元善款发放给92150万户受灾民众。按照当时的协议，他要求扶贫基金会在6个月内发完救助款，差错率低于1%，还把公益基金行内10%左右的管理费率压低到3%，被称作"史上最苛刻捐款"。

在曹德旺看来，这跟做企业家管理公司一样。社会责任也要像企业的合同一样执行，对方有合同义务，必须遵守契约精神。"1%是对质量的要求。我们搞企业的，企业讲PPM（百万分之一）的缺损率，客户对我的要求是万分之一。1%已经可以了。"据胡润慈善榜统计，从1983年第一次捐款至今，曹德旺累计个人捐款已达50亿元，其中现金捐款达18亿元。

从1998年开始，曹德旺踏上慈善之路：武汉洪灾区捐出300万元，向闽北灾区建瓯市捐出200万元……

曹德旺的福耀玻璃如今是世界上第一大汽车玻璃制造商。而之所以很多西方企业愿意和他做生意，正是因为他的这份社会责任。在地方政府那里，曹德旺的事业，无论办厂还是政策，总是可以得到最大限度的支持。

即便曹德旺拒绝裸捐，让子女在河仁基金会延续家族财富的控制，但人们仍然给予支持，曹德旺的事业也步步走向高峰。一个突出的事实是，在中国众多的上市公司中，曹德旺的企业一直是管理最优秀的前十名。

人们有理由相信，随着社会责任在企业管理中的重要贡献和作用的不断体现，对履行社会责任的重视未来还会得到更多企业家的赞同，这是企业文化和企业价值取向的一个大趋势。

第三节　新东方要引领中国教育走向优秀

==我始终希望在新东方确立的一个信念就是：新东方是引领中国教育走向优秀的一个教育机构，而又不仅仅是一个教育机构。==

在中国的教育体制内，包括大学教育，都是以死记硬背为主，而不是以开创性、创造性的教育为主，这就意味着教育本身也要分出好坏来。

Education这个词到底把人引向何方？我始终希望在新东方确立的一个信念就是：新东方是引领中国教育走向优秀的一个教育机构，而又不仅仅是一个教育机构。引领中国教育走向优秀意味着优秀的教育使一个人优秀，也使一代人更加优秀。

新东方每年接收近60万学员，每年60万意味着10年就是600万。如果我们能使60万学员都变得相对优秀，就意味着能使一个民族相对优秀。新东方还通过其他各种各样的方式来影响学生，比如图书、期刊出版。

我希望在座的所有老师能够牢记，当你在课堂上教课的时候，或者当你出书写文章的时候，你要保证你的影响是正面的、积极的。通过这种潜移默化的影响，新东方应该能够成为使中华民族更加优秀的一个机构，这是我们的信念。

——俞敏洪2004年对新东方管理者的讲话

背景分析

"新东方的目标和使命是：引领中国教育的未来，目标是培养所有的新东方学生更加优秀，使得中华民族更加优秀。"俞敏洪作为新东方的创始人，始终不忘自己的教育理想和抱负，他一直强调新东方唯一的定位就是教育本身。这在一个靠留学培训撑起的新东方商业循环中，无疑是一个崇高而有价值的目标。

从创业的第一天起，新东方的教学内容、形式、媒介，就和传统的教育弊端划清了界线。因为看到了教育的短期问题，俞敏洪从新东方的老师开始，竭力塑造一种全新的教育观点，向每一个老师强调新东方教育的倾向和使命。

在新东方的第一批明星教师中，有着中外教育背景的海归教师，其新颖和开放式的教学方式同样也发挥了榜样的作用。当传统教育下的学生第一次接触新东方的新方法和理念后，也更容易接受新东方的教学内容。

反过来，俞敏洪的实践证明，新东方的课堂可以最大限度地让学生接受一种全新的教育方式。这不但提高了学生们对西方教育的认知水平，也让新东方教育的口碑变得更加具有时效性。实际上，即便学生们留学多年，说起新东方的名师教育来，仍然赞不绝口。

历史证明，中华民族的教育和文化是优秀的，而新东方正是一个让学生掌握语言武器、学习一切优秀文明成果、促进中华民族在交流中融会贯通、吸收世界文明精华的中介。把新东方的事业、教师的目标定位于民族开放和学习的纽带，这一点是新东方教育20年来发展中始终坚守的使命和底线。

事实上，新东方的办学规模迅速扩大，更是让俞敏洪对自己的使命充满了责任感。即便在2007年新东方股价连翻5倍，美国纽约证券交易所见证了来自东方的新传奇，俞敏洪仍然冷静地说："财富已经不是今天新东方人的第一追求，对于企业来说，如果以赚钱为终极目标，肯定做不长久，钱只是过程和手段，为了目的服务。新东方现在的最高目标，就是教育和教育产品的开发，新教育模式的探索，为中国未来的教育打开道路。"

其实，从创办新东方开始就怀抱教育的伟大理想的俞敏洪，始终对于教育的未来、企业的文化价值观取向有着某种深入灵魂的坚持。这种坚持，是新东方的教育使命，更是新东方的管理者教育前瞻性的一种特质。

随着新东方事业的不断拓展，企业和理想的拉锯、挣扎和纠结不论如何激烈，俞敏洪仍坚持自己的选择。这样一种坚定的教育理念，必将让新东方始终走在正确的道路上。

拓展透析

在讲台上永远以激情和励志传达正能量的俞敏洪，在生活中有着另一面。这一面是他作为一个教师、一个教育企业家的人生观和价值观。

"我现在的梦想就是在北京地区办个小型的人文大学，占地500~600亩，靠山面水，学生们可以安静地在湖边读书，年老后我也能去那里讲讲课。""现在这个梦想已经开始实现，地址已经确定，大学已经开始建设了，我将来一定把它办成百年名校，毕竟从小我的母亲就希望我能做个'先生'。"在谈到自己以后的人生理想时，俞敏洪这样说。

显然，俞敏洪不仅仅通过新东方来践行自己的教育理念，他还希望通过自己的努力创办一所私立的人文大学。"投身教育，是我一生的理想，而新东方就是在经营教育事业，所以我就有了做下去的理由。以我的个人财富，办一所真正意义上的私立大学不大可能，但是我下了决心而且成立了基金会，我要办一所人文大学。"

其实，企业家做教育、办大学，早已有之。比如，吉利集团的李书福就投资创办了吉利大学；马云在宣告隐退后，一度高调宣称要办一所面向企业家的"创业者大学"……如今，想在功成名就后效仿西方企业家投入慈善教育事业的中国成功人士，更是不胜枚举。

但是，很多企业家只是把教育看作一种慈善，或者企业文化的一种点缀，真正因为有教育梦想而想创办大学的很少。事实上，直到2013年，已公开向大众宣告自己的私立大学梦，愿意真正献身文化教育事业的，只有出身教师的俞敏洪和华图教育的易定宏，后者和俞敏洪一样，至今还保留着教师的身份。

以企业家身份回归教育，可以称之为"教育企业家"，这算是私立办学潮中的异类。每一个这样做的教育企业家，正如俞敏洪所言是一个"不谈钱，只谈理想"的超然选择，既高屋建瓴，也是企业文化和企业家人格的一种最具理想和精神价值的表达。

在俞敏洪心中，教育的理想佳境是这样的：第一，肯定是公平教育和均衡教育，这是中国教育最基本需要做到的；第二，中国教育在高等教育领域中必须真正达到世界水平，中国的高等教育总体来说和世界水平差距还是相当之大的；第三，培养出来的学生真的具有完整独立思考能力、很好的创造力、想象力以及学科学识能力，这一点是特别重要的。

有了办大学的想法之后，俞敏洪一直努力申请办学的土地和政策到位，尽管难度很大，但是俞敏洪一直在努力："人人都爱钱，但并不是爱钱本身，而仅仅是把钱当作垫脚石，用来帮助我们完成理想、梦想而已。""这所大学不跟传统大学比较，也不会设立所有科目。我要做一所只有少数专业科目的大学，招收5000名学生就够了。"

在俞敏洪看来，做教育应志在教育精神，在民族未来的希望，而不在利润。"城市资源非常丰富，教育资源向城市倾斜。有很多农村孩子有机会进入很好的大学，但是没有能力支付学费。这也是我想给农村孩子提供学费的原因，尽管这样也还只是杯水车薪，因为当地贫乏的教育资源使更多的孩子根本没有机会进入大学。这就是我办这所大学的初衷。"俞敏洪认为，他的这所大学应首先向农村学生倾斜。

在外界担心俞敏洪的师资不足时，俞敏洪认为，用教学体系和教育理念和最高的薪资，经济条件和上层建筑双管齐下，可以面向世界吸引到最好的教授。"

独立之人格，优秀的人文教化，对于视蔡元培"兼容并包，思想自由"的办学思想为榜样的俞敏洪来说，自己将来一定要办一所真正的独立思想，自由发展的大学。在他看来，只有这样的大学，才是中国未来的希望和稀缺品。

由此我们不难看出，即使未来新东方可能走向没落，新东方的模式可能不再令人向往，但是俞敏洪的大学梦想，其社会价值，也许会长远地成为新东方的核心价值的象征。就如同哈佛和耶鲁这样的大学，即使创始人已经消失在历史的长河中，它们的人文精神仍将一代代地被人们传承下去。

这也许才是所有的企业家在考虑慈善教育和企业文化建设时，真正应该关注的问题。教育永远不是捐献那么简单，文化需要灵魂才能真正发挥作用。